LA

PRINCESSE D'ACHAÏE.

TOME I.

Ouvrages *qui se trouvent chez le même.*

Bélisaire, par Marmontel, de l'Académie française. 1 vol. in-12. 1 fr. 50 c.

Collection des discours des principaux orateurs français, morts depuis 1789 *jusqu'à ce jour, en* 13 *ou* 14 *volumes* in-8°.

OEuvres oratoires de Mirabeau, contenant tous les Discours, Opinions et Répliques que cet éloquent orateur a prononcés ou écrits depuis le 21 janvier 1789 jusqu'à sa mort; précédées d'une Notice historique sur sa vie, par M. Barthe, avocat à la cour royale de Paris, et de l'Oraison funèbre prononcée par Cérutti lors de ses funérailles, d'un Parallèle entre Mirabeau et le cardinal de Retz, par M. le comte de Boissy-d'Anglas, pair de France, et des Jugemens portés sur Mirabeau par M. le comte Garat et Chénier. 3 vol. grand in-8° d'à-peu-près 600 pages chacun; ornés d'un beau portrait de Mirabeau dessiné par M. Le Mire aîné, et gravé par M. Dequevauviller, et d'un *fac simile* de son écriture. Prix, en beau papier fin non satiné, 19 fr. 50 c. En papier fin satiné, 21 fr. En papier vélin superfin satiné, portrait avant la lettre, 42 fr.

Discours, Opinons et Répliques de Cazalès, précédés d'une Notice historique sur sa vie par M. Chare, avocat, suivis de la Défense de Louis XVI par Cazalès. 1 vol. in-8°, orné d'un beau portrait, 6 fr. 50 c.

Les Discours de Duval d'Esprémenil, précédés d'une notice historique sur sa vie, sont sous presse; ils seront délivrés *gratis* aux personnes qui ont souscrit à la Collection, ou qui prendront ce qu'il y a de paru.

DE L'IMPRIMERIE DE DAVID,
RUE DU POT-DE-FER, N° 14.

LA

PRINCESSE D'ACHAÏE,

OU

LA BAGUE ET LE PUITS;

HISTOIRE DU 13e SIÈCLE,

TRADUITE DE L'ANGLAIS

PAR MADEMOISELLE ÉM. CH***.

TOME PREMIER.

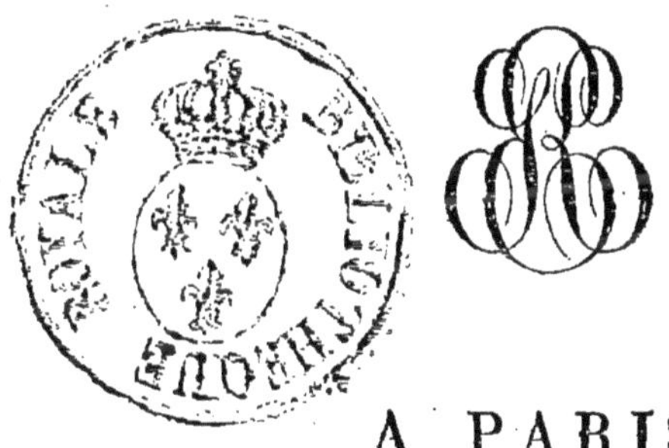

A PARIS,

CHEZ KLEFFER, LIBRAIRE,

RUE D'ENFER-SAINT-MICHEL, N° 2.

1823.

AVERTISSEMENT.

LA variété des événemens, un intérêt soutenu et une sorte d'originalité dans la narration, ont mérité quelques suffrages à l'ouvrage anglais dont nous offrons la traduction au public, et qui est généralement attribué à l'auteur du *Château d'Otrante*.

En se reportant au 13e siècle, époque des derniers temps de la Chevalerie héroïque, et où dominait encore une superstition crédule, l'auteur s'est créé des ressources; mais il nous a paru qu'il en avait quelquefois abusé, et nous avons cru devoir nous écarter de l'original en divers passages. Nous avons surtout abrégé les monologues et les descriptions dont il est trop souvent surchargé, comme la plupart des écrits anglais de ce genre.

Les noms anciens de villes, de contrées, etc., ont été conservés tels qu'ils se trouvent dans le texte anglais.

LA

PRINCESSE D'ACHAÏE,

CHAPITRE PREMIER.

CHACUN sait que Florent, cinquième du nom, comte de Hollande, marié en premières noces à Béatrix, fille de Guy, comte de Flandre, qui mourut en donnant le jour à un fils nommé Jean (héritier de ses biens et de la souveraineté de son père), épousa en secondes noces Isabelle, fille d'un prince régnant sur l'Achaïe et la Morée, et qu'elle lui donna une fille appelée Mathilde. Ces faits sont connus de tout le monde, au moins de tous ceux qui se sont particulièrement occupés de l'histoire des anciens comtes de Hollande.

Les Pays-Bas jouissaient depuis long-temps d'une paix profonde, et d'une prospérité que rien ne troublait. Les chevaliers et seigneurs des différentes cours, pour ne pas vieillir sans gloire, se virent obligés de chercher dans les terres étrangères la renommée que la fortune leur refusait dans leurs propres pays.

Le comte de Hollande, son parent le comte de Hainault, et la plupart des grands barons de leurs états, arborèrent donc l'étendard de la croix pour voler au secours du grand-maître de l'Ordre Teutonique contre les Prussiens infidèles. Peu d'entre eux restèrent dans leur patrie; ceux que l'âge ou les infirmités accablaient, se crurent seuls dispensés de cette croisade. Jean de Hollande, malgré sa tendre jeunesse et sa faible santé, accompagnait son père dans cette entreprise, non par aucun des motifs qui agissent sur une imagination ardente, mais dans la sainte et pieuse espérance (que dans des momens d'enthousiasme il avait osé concevoir), qu'un jour ses mérites reconnus seraient récompensés et canonisés par le souverain Pontife.

Quinze mois s'étaient écoulés depuis le départ du comte pour cette glorieuse expédition, quand un hérault envoyé par le duc de Brabant, et arrivé la veille d'une fête de la Vierge, proclama hautement à la porte principale du château où la comtesse de Hollande faisait sa résidence, que douze chevaliers de la cour de son souverain, fatigués de la mollesse d'une vie oisive, avaient résolu de soutenir des combats en champ-clos en l'honneur des chevaliers de Brabant, contre tous ceux qui se présenteraient pendant trois jours consécutifs, dans la grande place de Bruxelles; et qu'à cette occasion, le duc invitait aux fêtes qui auraient lieu à sa cour les nobles chevaliers, les dames, les demoiselles de toute la chrétienté, que le goût des armes et l'admiration des actions héroïques et galantes pourraient engager à honorer le tournoi de leur présence.

La comtesse Isabelle, dame prudente et vertueuse, ne s'occupait, en l'absence de son époux, que de ses devoirs domestiques et de l'éducation de sa fille. Une grande partie de son temps était employée en actes de dévotion, et, chaque jour, une heure était désignée pour recevoir le grand chanbellan et le chancelier de Hollande, et pour écouter les réclamations et les plaintes de ses sujets ; elle remédiait à leurs maux autant qu'il était en elle, mais sans se mêler jamais du gouvernement de l'Etat, qu'elle abandonnait entièrement aux conseillers que le comte avait choisis avant son départ.

Si elle n'eût considéré qu'elle, elle aurait donc fait peu d'attention à la proclamation du hérault ; elle se serait contentée d'ordonner qu'on le traitât bien, pour mieux honorer son maître, et elle l'aurait probablement congédié à peu près en ces termes : « Dites au duc votre maître que je » prie Dieu de l'avoir toujours en sa » sainte garde ; mais qu'il ne con- » vient pas à une épouse affligée, » loin de son seigneur, de quitter » la tour où elle veille sans cesse » pour demander au ciel son re- » tour. »

C'est par ces paroles, ou par d'autres semblables, que la comtesse de Hollande aurait pu répondre à la gracieuse invitation du duc de Brabant, si une autre considération ne l'eût retenue. Sa fille Mathilde, à peine âgée de quinze ans, était dans tout l'éclat de la beauté. Sa taille élancée, ses cheveux blonds, la délicatesse de sa charmante figure, la grâce de sa démarche, et le charme répandu sur tous ses mouvemens, en faisaient une personne aussi accomplie que puisse l'être une héroïne de roman. Son esprit n'était pas inférieur à tant de qualités, et son éducation était la plus parfaite dont pût se vanter aucune dame du treizième siècle. Elle brodait supérieurement une écharpe, elle était versée dans la connaissance des simples, dansait avec grâce, et chassait avec autant d'intrépidité que d'adresse.

Elle conduisait un cheval aussi bien qu'un jeune et aventureux chevalier; et parmi les demoiselles de la cour de son père, aucune ne l'égalait à la course. Les leçons de John Boteler, anglais au service du comte, l'avaient encore rendue habile à tirer de l'arc. Son enfance s'était écoulée heureusement au sein de ces amusemens si dignes d'occuper les loisirs d'une noble dame; mais le moment était arrivé, où, malgré les progrès qu'elle faisait dans ces différens exercices, son cœur commençait à soupirer pour d'autres plaisirs, qu'elle supposait bien préférables à la chasse, à la course, aux armes, et même à la conversation sage et instructive de la comtesse sa mère. Elle avait entendu parler d'humbles adorateurs, de maîtresses inexorables, de fidèles chevaliers et de constantes damoiselles; de joûtes et de tournois, de couronnes et d'écharpes, de gages d'amour donnés et acceptés; récompenses offertes à la valeur par une main chérie, qui en doublait le prix aux yeux du vainqueur.

Elle savait que des Sarrazins étaient venus tomber aux pieds de plusieurs beautés, envoyés par leurs chevaliers absens; et que des têtes de géants et de monstres sauvages avaient été envoyées en présens, comme les preuves d'un grand courage et d'un amour inaltérable.

Elle savait toutes ces choses, et son jeune cœur cessa de battre à l'approche de son coursier favori; ses doigts délicats s'occupèrent plus souvent à broder l'or et la soie qu'à tendre son arc. Elle ne paraissait plus au lieu où on s'exerçait à la course, car elle ne se souciait plus

d'en remporter le prix. — Ce fut dans un de ces accès de langueur et *d'inactivité* auxquels elle était devenue sujette, et tandis qu'elle rêvait, la tête appuyée sur sa main et le bras posé sur sa fenêtre, que le hérault monté sur un cheval blanc comme la neige, et revêtu d'une housse de draps d'or dont la broderie représentait les armes de Brabant, entra dans la cour du château, s'approcha de la fenêtre où elle était, et proclama à haute voix son message. Il est inutile de dire qu'elle sentit battre son cœur avec plus de violence, qu'un incarnat plus vif colora son aimable figure, et on devinera sans peine que son agitation s'accrut en entendant la comtesse, faire cette réponse : « Hérault, re-
» merciez en mon nom le duc votre
» maître; dites-lui que je prie le ciel

» de faire prospérer ses nobles armes;
» ajoutez que la comtesse de Hol-
» lande, et sa fille Mathilde, voulant
» honorer les fêtes et le prince qui
» les donne, ne manqueront pas de
» s'y rendre. »

Et qu'on ne s'imagine pas, malgré ce que j'ai dit à ce sujet, que la comtesse accepte aussi promptement cette invitation par un souvenir trop vif des plaisirs du monde, et pour son propre compte. Elle chérissait sa fille; elle jugea qu'il était convenable de l'introduire dans la société des nobles et des chevaliers ses égaux, afin que son cœur pût se fixer entre eux sur le choix d'un époux. D'ailleurs, rien dans cette démarche ne blessait les convenances les plus délicates, puisque le duc de Brabant était marié, qu'il était respectable par son âge, et regardé comme l'exemple et la fleur de la chevalerie.

Un volume ne suffirait pas pour décrire exactement les préparatifs extraordinaires faits dans le palais de la comtesse pour une circonstance aussi solennelle. Les brodeurs, les tailleurs, les ouvriers en or et en argent, furent employés jour et nuit à préparer les vêtemens les plus magnifiques et de riches équipemens; et de superbes armures furent disposées pour les chevaliers qui devaient accompagner leurs dames au tournois.

Enfin le jour tant désiré arriva, et le cœur de Mathilde se remplit d'une flatteuse espérance: car toutes les idées riantes dont se berçait sa jeune imagination depuis quelque temps, lui semblèrent à la veille de se réaliser. Elle parut la première dans la salle du départ, quoiqu'elle eût été plus long-temps à sa toilette qu'aucune autre dame de la cour. Elle y fut bientôt rejointe par sa mère, par le sénéchal de Hollande, vieillard renommé par sa prudence, et le révérend évêque d'Utrecht. Ce prélat, parent du comte, était encore plus distingué par sa science; il était le seul évêque de tous les Pays-Bas qui comprît le latin.

Quand tous furent réunis, on se rendit solennellement à la chapelle, où l'évêque d'Utrecht chanta la grand'messe à l'édification de chacun, tandis que notre belle héroïne s'occupait, malgré elle, de sujets tout différens. Quand l'office divin fut fini, on apporta à la comtesse la coupe d'argent de son époux, remplie d'un vin exquis préparé avec un mélange de parfums très-rares, selon l'usage du temps ; elle en goûta la première, puis transmit la coupe à sa fille, à ses nobles amis, et chacun en but, excepté Mathilde, qui de bon cœur eût voulu abréger tant de cérémonies, et être déjà de quelques milles avancée sur la route de Brabant.

A la fin, cependant, tous les préliminaires de dévotion et de cérémonie étant terminés, les deux princesses de Hollande, le grand sénéchal, l'évêque d'Utrecht, vingt demoiselles de la suite de la comtesse, un nombre considérable de pages et d'écuyers, précédés d'une troupe de gens d'armes à cheval, sortirent du château, montés sur des mules et des palefrois richement caparaçonnés, selon le rang de chacun. J'observerai seulement que la housse du palefroi de la comtesse était tellement surchargée d'or et de pierreries, qu'il était impossible d'en distinguer la couleur; que le coursier blanc de Mathilde était revêtu d'une housse d'étoffe de soie rose brodée en argent; et que de petites sonnettes d'argent étaient attachées à l'entour, et disposées de manière à produire le plus agréable effet, quand elles étaient en mouvement. Jamais matinée du mois de mai ne sembla si belle à Matilde que cette matinée de décembre, dans laquelle le joyeux cortège franchit les portes du château : l'air était froid, mais pur et serein, et le soleil brillait d'un éclat rare dans cette saison. Si le pays plat qui s'étend de la Haye jusqu'à Bruxelles, n'offrait pas une grande variété, et n'excitait pas l'admiration, il présentait au moins le spectacle d'une longue succession de villes riches et de villages populeux, de belles fermes et de nombreux troupeaux, conséquences heureuses d'une longue paix et d'un gouvernement modéré.

Ils arrivèrent sur les frontières des domaines du comte de Hollande. Une foule de chevaliers armés, de seigneurs suzerains et de vaillans gentilshommes, attirés par l'annonce d'un prochain tournoi, se répandaient dans le pays, et couvraient toutes les routes. Ils se mêlaient quelquefois au cortège des princesses, et par leur conversation variée faisaient trève à la monotonie de leur voyage. D'autres, après avoir admiré la noble dignité de la comtesse et la candeur remplie de grâce de la jeune Mathilde, leur demandaient la faveur de porter leurs couleurs, et de servir sous leurs bannières à la cour de Brabant. La comtesse répondait à ces demandes par une gracieuse inclination de tête, et Mathilde imitait son exemple. Le troisième jour de leur voyage, elles étaient entrées sur les confins du duché de Brabant; notre héroïne se trouva quelques pas en arrière, accompagnée seulement d'une jeune demoiselle sa favorite et sa compagne depuis l'enfance. Elles s'entretenaient sur un sujet intéressant (lequel n'est pas venu à notre connaissance), quand, au détour de la route, effrayé à la vue de quelques cavaliers qui sortirent au galop d'un chemin creux, le cheval de Mathilde se cabra, et courut se précipiter dans un canal qui bordait le chemin. L'un des cavaliers, voyant le danger que son imprudence avait causé, s'élança de son cheval, courut au canal, s'y plongea tout armé, et parvint à ramener sur le bord la tremblante Mathilde.

Quoique tout cela eût été l'affaire d'un moment, la comtesse avait été avertie, et revenait sur ses pas avec le sénéchal, l'évêque, et une partie de sa suite. Peu d'instans suffirent pour remettre tout en ordre; Mathilde remonta sur son coursier, sa compagne reprit ses sens, et le cortège se remit en marche. Mathilde exprimait par des larmes sa reconnaissance au jeune chevalier, qui ne cessait de lui prodiguer ses soins, et la comtesse ne tarissait pas en remerciemens, tandis que le sénéchal le réprimandait gravement sur son peu d'adresse et de grâce à manier un cheval, et que l'évêque lançait toutes les foudres ecclésiastiques sur un homme qui prenait si peu d'intérêt à la vie de son semblable. Nous observerons toutefois, en passant, que le sénéchal était universellement regardé comme le plus mauvais et le plus timide écuyer de la Hollande, de la France et de l'Allemagne réunies, et que, lorsqu'on ne risquait pas d'être entendu d'un prêtre, et qu'on voulait parler d'un homme dépourvu d'humanité, on se servait de cette expression devenue populaire; « qu'il ne se souciait pas » plus de la vie d'un homme que » l'évêque d'Utrecht. »

Et cette opinion générale n'était pas tout-à-fait calomnieuse à l'égard de ce prélat, malgré sa connaissance de la langue latine, et les qualités dont il se vantait en toute occasion.

Cependant, le chevalier discourtois ne jugea pas à propos de s'arrêter pour écouter la réprimande du sénéchal et le sermon du pieux évêque; mais ayant replacé Mathilde sur son palefroi, il lui fit une profonde révérence, et s'élançant sur son cheval, il partit au grand galop pour rejoindre ses compagnons qui avaient poursuivi leur route, leur secours n'ayant pas été nécessaire. A peine était-il à quelque distance, qu'on entendit répéter autour de la comtesse de Hollande : « Le noble » chevalier ! » « Quel port ! quelle » mine ! » « Je parie qu'il est d'une » haute naissance ! » « Quelle adresse » et quelle vivacité ! » « Comme son » maintien est noble et plein de » grâces ! » « C'est dommage qu'il » n'ait pas levé sa visière ! » « Il est » sans doute fort jeune, observa la » comtesse, car il n'a pas de devise » sur son bouclier. » Mathilde, qui n'avait pas remarqué le bouclier, ne dit rien.

CHAPITRE II.

Si l'expédition des princesses de Hollande et des chevaliers de leur cour avait donné lieu à de grands apprêts, on peut imaginer le mouvement et le tumulte de la cour de Bruxelles, où devait se donner le tournoi le plus magnifique dont on eût entendu parler depuis un siècle dans les Pays-Bas. L'enceinte était formée dans la place principale de la ville; elle était assez spacieuse pour admettre cinq cents chevaliers et autant d'écuyers, qui eusseut pu facilement y manœuvrer. A l'est de la lice, en dehors des barrières, douze trônes où brillaient l'or et la soie, avaient été élevés pour douze graves chevaliers qui devaient présider comme juges du tournoi ; derrière ces trônes, et à une élévation convenable au-dessus d'eux, étaient des balcons couverts, décorés avec noblesse et magnificence : celui du milieu était destiné au duc de Brabant et à sa famille, ainsi qu'aux principales dames de sa cour ; et les autres devaient être assignés, d'après les rangs, aux dames qui viendraient embellir le tournoi de leur présence, et aux chevaliers à qui leur âge ne permettrait plus de se mêler aux combats. Des gradins furent disposés au nord et au midi de la barrière, pour les dames et les demoiselles d'un rang inférieur ; l'occident fut réservé pour y placer quatre héraults, que distinguaient les armes du Brabant, brodées sur leurs habits, et dont les fonctions était de proclamer le nom des combattans, et de vérifier auparavant s'il ne manquait rien à leur armure.

Devant les trônes, en dedans de l'arêne, les douze chevaliers qui avaient envoyé le défi, armés de pied-en-cap et bien montés, parcoururent l'enceinte l'espace de trois heures, pendant les huit jours qui précédèrent le tournoi; les écuyers désignés dans les cartels marchaient auprès d'eux. Les boucliers de ces chevaliers, couverts de devises richement ciselées, et leurs cottes d'armes d'un travail exquis, étaient déposés au pied de chaque trône, et l'étendard de chaque chevalier était planté auprès de son bouclier.

Enfin, arriva le jour solennel. Le duc et la duchesse de Brabant, suivis de leur cour, se montrèrent les premiers et se rendirent au balcon qui leur était réservé. De là, ils accueillaient avec affabilité tous les étrangers qui survenaient, et les maréchaux de la cour assignaient à ces étrangers les places qu'ils devaient occuper. La comtesse de Hollande et sa suite furent placées sur le balcon à la droite du duc de Brabant.

Aussitôt que les trompettes des héraults annoncèrent l'arrivée des juges-du-camp, une vive curiosité se manifesta dans toute l'assemblée. Les rafraîchissemens qui avaient été apportés disparurent; tout fut silencieux et dans l'attente. Un quart-d'heure après l'entrée des juges, les trompettes sonnèrent de nouveau, et un chevalier montant un cheval isabelle et dont l'armure d'acier poli était incrustée d'or, se fit ouvrir la barrière. C'était Adolphe, comte de

Clèves, que les spectateurs auraient pu reconnaître aux armes richement brodées sur le manteau du page qui le suivait. Il fit d'abord trois fois le tour de l'enceinte, s'inclinant profondément chaque fois qu'il passait devant le balcon du duc et de la duchesse de Brabant. En achevant le troisième tour, il frappa de sa lance le bouclier du sire Réginald de Roye, le premier sur la liste des combattans, et le coup fit retentir toute l'arène. A l'instant, les trompettes annoncèrent le sire Réginald. Il était monté sur un cheval noir, son panache était couleur de feu, son armure d'acier bruni était taillée en pointes de diamans, et les armes de Brabant étaient brodées sur son manteau. Il s'avança lentement, s'arrêta devant le balcon du duc de Brabant, salua avec grâce, et se tournant du côté de son adversaire, attendit le signal du combat. Il ne se fit pas attendre long-temps, et les deux chevaliers se précipitèrent avec impétuosité l'un sur l'autre. Leurs lances se croisèrent sans les toucher; mais une seconde fois, leurs coursiers mieux dirigés et poussés avec violence, se rencontrèrent. Le choc fut terrible; chacun des chevaliers fut renversé sur la selle, chaque coursier recula de quelques pas, et les deux lances volèrent en éclats. Les combattans mirent pied à terre, et prenant des épées des mains de leurs pages, la lutte de la force et de l'adresse recommença avec une nouvelle ardeur. La victoire fut long-temps incertaine; mais enfin le comte de Clèves fut forcé de céder à son adversaire, et les juges proclamèrent le triomphe du sire Réginald.

Le chevalier qui parut ensuite, fut le duc de Guèldres, indomptable guerrier dont les hauts faits, dans la Terre-Sainte, étaient connus de tous, en mémoire de quoi il portait une croix rouge sur son manteau blanc, et une tête de musulman, ajoutée à ses armoiries, était gravée sur son bouclier. Après les cérémonies accoutumées, il frappa de sa lance les armes du sire de Lalain, qui, se précipitant aussitôt dans l'arêne, et avant que son adversaire eût eu le temps de se mettre en garde, fondit sur lui avec tant de violence, qu'il le désarçonna et l'étendit sur la poussière. Indigné d'un procédé si déloyal, le duc de Guèldres se releva en demandant réparation au perfide de Lalain; mais le duc de Brabant, d'un ton qui commandait le respect, ordonna aux héraults de séparer les combattans, et déclara le sire de Lalain indigne de reparaître parmi les champions du tournoi, et de porter les armes du Brabant qu'il avait souillées par sa lâcheté.

Le duc de Guèldres demanda qu'il lui fût permis de combattre un autre chevalier, et toucha le bouclier du vicomte de Gommégines. Ce jeune chevalier parut à l'instant, monté sur un coursier arabe dont la housse était de draps d'argent. Le manteau du guerrier brillait d'or et de pourpre, et tout, dans sa personne, confirmait la réputation d'élégance et de bon goût qu'il s'était acquise à la cour de Brabant. Il s'acquitta des évolutions préliminaires avec beaucoup de grâce, salua profondément en s'arrêtant devant le balcon ducal, puis regardant les beautés qui l'environnaient, comme pour chercher à qui il ferait l'hommage envié de sa victoire, ses yeux s'arrêtèrent sur Mathilde, dont les charmes méritaient bien une telle préférence. Se voyant ainsi devenue l'objet de l'attention générale, Mathilde rougit; un sentiment pénible lui fit éprouver que les triomphes dont ses songes l'avaient flattée, ne sont pas toujours aussi agréables que le représente l'imagination. Pourtant elle ignorait encore que depuis le premier regard du vicomte, elle était devenue l'objet de la haine de toutes les femmes, au moins de celles qui voyaient en elle une rivale.

Cependant ses pensées furent bientôt distraites par le spectacle de la mésaventure de son chevalier. Elle le vit rouler sur la poussière, et mordre de rage le terrain qu'il venait de mesurer. Les héraults le relevèrent ; il fut conduit en silence et confus, hors des barrières, et la victoire facile du duc de Guèldres fut proclamée. — Mais un chevalier aussi brave que lui ne devait pas être beaucoup plus satisfait de cette victoire que de sa chûte précédente. Il obtint de combattre une troisième fois, et il frappa le bouclier du formidable Réginald de Roye, qu'il jugeait seul un antagoniste digne de lui, et dont la défaite lui procurerait au moins une gloire réelle. Le champion de Brabant ne se fit pas attendre ; deux courses furent fournies, dans lesquelles les combattans déployèrent une force et une adresse égales ; mais la troisième fut fatale à l'ambitieux duc de Guèldres, qui, fortement ébranlé par le choc de son adversaire, chancela un instant sur ses étriers, et tomba à la renverse. Des acclamations s'élevèrent de tous les côtés, et le sire Réginald de Roye fut déclaré vainqueur une seconde fois.

Vinrent ensuite deux chevaliers d'Ecosse, qui frappèrent les armes du seigneur de Blavégnies, et du sire Guy de Hœvœrden. Le succès d'abord incertain, se décida en faveur des bannières du Brabant. Deux chevaliers, de l'air le plus noble et le plus galant, succédèrent aux deux écossais : c'était les deux fils de Guy de Dampierre, comte de Flandres. L'aîné, le sire Robert de Béthune, montait un cheval blanc, sa housse bleue était brodée d'or, et le manteau du chevalier, couvert de roses d'or, accompagnait merveilleusement son armure d'acier incrustée d'argent. Son frère, l'aimable Guy de Namur, était armé avec autant de richesse ; son cheval était recouvert d'une housse orange, et son manteau blanc était élégamment brodé en or et en soie couleur de pourpre. Le seigneur de Vertaigne et Étienne de Flamégny, furent désignés pour combattre les champions de Flandres ; mais l'adresse et la bravoure des deux frères prévalurent, et ils ne se retirèrent qu'après avoir étendu sur le sable deux des plus vaillans chevaliers du Brabant. Mainhard d'Ortemburg, le duc Ulric de Carinthie entrent successivement dans la lice, et sont défaits par les guerriers de Brabant. Godefroi de Lovain, neveu du duc de Brabant, est vaincu par un chevalier castillan, don Fernand de Haro, qui, lui-même, est forcé de céder à Réginald de Roye.

Les trompettes annoncèrent alors

la fin des combats du jour; et après un moment de silence, les juges déclarèrent les Brabançons vainqueurs, et adjugèrent au sire Réginald de Roye les honneurs de la première journée. Ce vaillant chevalier s'avança dans l'arène sans armes, la tête nue, et vint recevoir des mains de la duchesse de Brabant une couronne d'or et un bracelet de même métal, prix d'une bravoure à toute épreuve.

Les spectateurs remarquaient avec étonnement sa haute stature, la proportion gigantesque de sa personne, et la sévérité de son maintien. La modestie, signe distinctif de la vraie chevalerie, était bannie de l'orgueilleuse et arrogante figure du sire Réginald; il s'avançait indifférent aux applaudissemens qu'on lui prodiguait de toutes parts; il reçut ces honneurs avec un air de supériorité, comme un droit qui lui était dû, et non comme le prix accordé par un prince généreux à la valeur et à la vertu.

Cependant les pensées de la belle Mathilde n'étaient occupées ni du chevalier victorieux ni des honneurs qu'il recevait avec tant de hauteur. Pendant les différens combats qui avaient eu lieu, ses yeux avaient été fixés sur la barrière; elle observait avec attention chacun des champions qui arrivaient: Après la dernière charge des trompettes, sa vue erra vaguement dans l'assemblée, et ses souvenirs la ramenèrent sur les bords du canal où quelques jours auparavant sa vie avait été en danger. Non qu'elle envisageât ce danger sans effroi, et moins encore, qu'elle regrettât d'y avoir échappé;

et si sa mère, par exemple, lui avait demandé pourquoi ce souvenir occupait sa pensée, plutôt que des objets plus immédiats, elle se serait étonnée de la question, et aurait vainement cherché une réponse. Mais il était bien surprenant qu'un jeune chevalier si galant, si bien fait, et qui paraissait si pressé d'arriver à la cour de Brabant, n'eût pas paru parmi ceux qui avaient ce jour-là signalé leur courage. D'ailleurs, la simple politesse aurait dû l'engager à se montrer dans un lieu où il était probable qu'elle-même occuperait un rang distingué, ne fût-ce que pour apprendre si elle s'était ressentie d'un si terrible accident. — Peut-être son impétuosité lui avait été fatale; ... peut-être sa générosité lui avait causé une maladie, et.... Il est impossible de dire combien l'imagination de la pauvre Mathilde voyagea, pendant le peu d'instans qu'employa la duchesse de Brabant à couronner le victorieux Réginald, et à prononcer quelques phrases analogues à la circonstance. Mathilde aimait-elle donc un chevalier à qui elle n'avait dit que quelques mots sur la route, et dont elle n'avait même pas vu la figure ?.... L'imaginer seulement serait ridicule !.... Il est pourtant notoire que toutes ces réflexions, et mille autres que nous avons oubliées, l'occupèrent le reste du jour. La fête brillante qui termina la soirée ne put dissiper les rêves dans lesquels elle se plaisait, et elle fut inattentive aux chants des menestrels, malgré son goût pour la poésie et la musique, qui allait quelquefois jusqu'à l'enthousiasme, tout imparfaits que devaient être les arts et les belles-lettres dans le treizième siècle. Elle fut rappelée pourtant à sa situation présente par le vicomte de Gommégines qui, avec une assurance que sa disgrâce n'avait pas affaiblie, vint lui offrir la main pour descendre de son balcon, et pour la conduire dans une des principales salles du palais où le banquet était dressé. Mathilde piquée n'osait pourtant refuser. Le sénéchal hasarda bien quelques mots sur l'inconvenance d'une conduite aussi familière avec une noble dame à laquelle le vicomte était totalement inconnu; mais une certaine fatalité accompagnait tous les discours du sénéchal, quelqu'à propos qu'ils fussent; on ne les écoutait jamais; et le sénéchal était trop civil pour insister en élevant la voix, ou pour user de tout autre moyen qui aurait pu déplaire à celui à qui il s'adressait. Un chevalier moins scrupuleux vint délivrer Mathilde de son incommode adorateur. Le duc de Guèldres, témoin des importunités du vicomte, des remontrances du sénéchal, et de la résistance timide de la belle *obsédée*, s'offrit en généreux champion pour appuyer les raisons que le *senéchal* faisait valoir avec autant de douceur que de politesse. Le fat courtisan ne se sentit pas disposé à contester avec celui auquel il avait déjà cédé la supériorité de force et d'adresse ; Mathilde fut donc délivrée, et le duc de Guèldres la dédommagea amplement, par sa conversation enjouée et instructive, de l'éloignement du gentilhomme le plus à la mode de la Cour.

Vingt-quatre tables couvertes avec profusion, les vins les plus exquis et les plus rares, venus de Hongrie, de Crète, de Chypre et de la Palestine; les merveilles de l'art jointes aux merveilles de la nature; l'éclat des parures, les charmes des dames, la bonne mine des chevaliers, les accords de cent harpes qui se faisaient entendre par intervalle, tout contribuait à rendre cette fête si magnifique, que les vieillards ne se rappelaient pas qu'ils en eussent vu une pareille.

Après le banquet, on forma plusieurs groupes. Le duc de Guèldres continua à entretenir Mathilde et quelques-unes de ses compagnes, en leur racontant les faits d'armes, de galanterie ou de piété, qui avaient illustré les chevaliers qu'il leur nommait. Il vanta la magnificence, l'esprit, la générosité, la bonté des princes de Brabant; il leur dit les belles actions des deux fils du comte de Flandres ; les amours du sire Robert de Béthune et d'Iolante de Bourgogne, la belle et riche héritière du comte de Nevers ; celles du Castillan don Fernand de Haro, qui avait langui plusieurs années dans un donjon, doublement captif du pouvoir du roi de Grenade et des charmes de Zuléma, sa fille. Il parla peu du sire Réginald, vainqueur du tournoi, mais dans des termes qui laissaient entrevoir son aversion pour un caractère où dominaient l'orgueil, la cruauté et la vengeance ; et quiconque n'aurait pas connu Réginald de Roye, aurait pu soupçonner le duc de se ressentir d'une défaite récente.

Ces anecdotes intéressaient peu Mathilde, et elle ne les écoutait que dans l'espoir d'entendre quelque chose de relatif à son aventure du canal, et à l'inconnu qu'elle commençait à regarder comme un ange protecteur descendu exprès du ciel pour la secourir ; car elle ne pouvait imaginer comment un mortel, et surtout un jeune et galant chevalier, aurait pu se rendre avec une telle hâte à la cour de Bruxelles, si ce n'était pour assister au tournoi, où cependant il n'avait pas paru. Enfin, elle se hasarda à demander au duc s'il avait entendu parler du danger qu'elle avait couru, et elle en donna tous les détails, en appuyant sur la conduite et la singulière disparition de son libérateur. Le duc de Guèldres ne répondit que ce que la politesse exigeait, la félicitant sur sa préservation, et s'étonnant (parce qu'elle s'étonnait) que cet étrange chevalier n'eût pas paru au tournoi; puis il reprit le récit de ses anecdotes. L'attention de Mathilde fut pourtant réveillée quand le duc lui apprit que le troisième et dernier jour du tournoi, le duc de Brabant conférerait l'ordre de chevalerie à vingt jeunes et vaillans gentils hommes, qui devaient passer les trois jours précédens dans la retraite et les exercices de dévotion, pour se préparer à l'auguste cérémonie qui les allait initier à une nouvelle vie : parmi ceux-là au moins elle avait l'espoir de retrouver le héros du canal, et le motif de son extrême diligence était assez expliqué par les paroles du duc de Guèldres.

Comme nous savons déjà combien la curiosité, ou un autre sentiment (qu'elle-même n'aurait pu bien définir), avait pris possession du cœur de Mathilde, nous ne nous étonnerons pas si les heures du jour suivant lui parurent trop longues, si les plus brillans faits d'armes ne furent pas seulement remarqués par elle, et si elle ignora pour quelles prouesses de force, d'adresse et de bravoure le sire Robert de Béthune fut déclaré le vainqueur du second jour du tournoi. Il reçut le prix du combat, des mains de son Iolante qui, du balcon voisin de celui de la comtesse de Hollande, avait suivi très-attentivement les succès de son chevalier, et qui ensuite partagea son triomphe. Robert baisa respectueusement la bague de diamans, qu'il reçut d'une main si chère, puis élevant les mains et les yeux vers le ciel, il jura solennellement de ne céder qu'avec sa vie le gage d'amour qu'il venait d'obtenir.

Pour la première fois du jour, Mathilde fit usage de ses yeux pour contempler cette scène, et peut-être se dit-elle tout bas : « Ah! si » le chevalier du canal eût été dé- » claré vainqueur du tournoi, et » qu'il m'eût choisie pour lui décer- » ner le prix de la valeur! » Elle ne put, dans le même temps, s'empêcher de remarquer près de la belle Iolante une personne qu'on pouvait prendre pour sa sœur ou sa cousine, paraissant au moins de rang égal, de même âge, et peut-être plus frappante encore par sa beauté. Une apparence de mélancolie et de souffrance se mêlait aux charmes de sa personne; son air, la candeur de sa figure, la grâce de son sourire, avaient un attrait irrésistible. Le désir que Mathilde avait formé l'instant d'auparavant, se confondit avec cette nouvelle impression, et la tendre sympathie lui inspira cette pensée : « Que ne suis-je la dépositaire de » ses chagrins pour les plaindre et » peut-être les soulager ! » — Elle eut recours à son fidèle interprête le duc de Guèldres, qui lui apprit que cette aimable victime de la mélancolie, qui avait si fortement ému sa sensibilité, était Blanche de Bourgogne, la plus jeune des filles du feu duc Robert; et que, quoiqu'elle n'eût jamais revélé son amour, on croyait que sa passion pour le jeune et vaillant Edouard de Savoie était la cause du chagrin qui la consumait. L'espoir d'être unis l'un à l'autre avait été autorisé par leurs familles; mais une querelle survenue entre son frère, le duc Hugues, et la maison de Savoie, avait rompu toutes relations, et posé une barrière insurmontable aux désirs de deux nobles cœurs dont le bonheur était impossible s'ils étaient séparés.

CHAPITRE III.

Le matin du jour suivant, le cœur de Matilde palpita d'espérance quand les trompettes annoncèrent l'arrivée des jeunes candidats aspirans à l'honneur d'être armés chevaliers : après avoir rempli les devoirs préliminaires de retraite et de dévotion, ils devaient subir la dernière épreuve, et faire briller leur valeur dans les combats. Parmi les vingt nouveaux champions, armés de pied-en-cap, la visière baissée, aucune devise ne distinguant leurs boucliers, Mathilde ne pouvait espérer de reconnaître son héros, et pourtant elle crut le retrouver sous l'armure du plus grand et du mieux fait de ces rivaux de gloire.

Après avoir salué profondément le duc et la duchesse de Brabant, ils firent le tour de l'arène, précédés d'un hérault qui appelait au combat tous ceux qui ne craindraient pas de venir se mesurer avec de si nobles champions Mathilde observait tout attentivement ; elle examinait avec curiosité chaque chevalier, lorsqu'il s'approchait d'un balcon pour y faire hommage de sa valeur à la dame de ses pensées. Elle le voyait attacher à son bouclier l'écharpe qu'il en recevait, et puiser dans ses yeux une nouvelle ardeur. Mais bientôt, celui que son cœur avait désigné avec orgueil comme le plus beau et le plus brillant de tous, s'arrêta devant le balcon de la princesse de Bourgogne, et salua avec grâce. Mathilde pâlit, elle se sentit défaillir, et son trouble aurait sans doute été remarqué, s'il n'avait été presqu'aussitôt soulagé, car celui qui le causait s'éloigna, et en même temps l'aimable Blanche, qui venait d'exciter la jalousie de Mathilde, se leva, détacha d'une main tremblante, une rose blanche du bouquet qui parait son sein, et, se penchant sur le balcon, la donna à un autre chevalier qui avait eu constamment les yeux fixés sur elle, et paraissait craindre de lui demander un gage de la victoire autant qu'il désirait de l'obtenir. Il le reçut avec transport, le pressa contre son cœur, en orna son casque, et alla se ranger auprès des combattans avec un air de triomphe que lui donnait l'amour satisfait. Mais Mathilde n'eut pas le loisir de s'occuper plus longtemps de ce qui se passait autour d'elle. Le chevalier du canal reparut près de son balcon; le cœur de Mathilde battait avec plus de violence, à mesure qu'il s'avançait; et chaque faculté de son âme sembla suspendue quand il s'arrêta au pied du balcon où elle était assise, et lui demanda la faveur d'être son chevalier. Elle sut à peine ce qu'elle faisait en détachant de son bras un bracelet d'or, et le lui présentant. Elle n'entendit pas ce qu'il lui dit en le recevant, et ne sut quelle réponse elle avait faite. Nous supposons que c'était la mieux appropriée au sujet. Après avoir placé le bracelet au milieu du panache blanc qui ornait son casque, le chevalier rejoignit ses compagnons d'armes, pour attendre avec eux le signal du combat.

Je ne prétends pas décrire les nombreuses prouesses qui illustrèrent ce beau jour; je renvoie mes lecteurs, s'ils veulent les connaître, aux historiens de Brabant, qui nous assurent que ceux qui reçurent l'ordre de chevalerie dans cette occasion, l'avaient mérité par leur adresse et leur courage. Enhardis par le succès et par les applaudissemens qu'ils recevaient, les deux frères d'armes dont la rose blanche et le bracelet d'or ornaient les armures, osèrent défier les deux vainqueurs des jours précédens. Le chevalier de la rose blanche eut pour adversaire Robert de Béthune. Ils combattirent à cheval et à pied, avec l'épée, la hache de bataille et le poignard; la victoire était encore indécise quand les trompettes sonnèrent la fin de l'épreuve, et le généreux prince de Flandres embrassa son inconnu et digne adversaire. Mais lorsque le féroce Réginald fondit sur le jeune champion qui l'avait défié, et qu'il semblait vouloir anéantir, chacun adressa des vœux au ciel pour le salut du chevalier au bracelet d'or; et la plus belle des spectatrices indiquait, par les changemens variés de son teint, des émotions trop vives pour être décrites. Son anxiété fut courte. *Le bracelet d'or* soutint avec une invincible fermeté le premier choc de son impétueux adversaire. Dans la seconde attaque, l'agilité et la force bien dirigées du jeune chevalier renversèrent Réginald, trop furieux pour être sur ses gardes. Des acclamations réitérées annoncèrent la défaite du champion de Brabant. Il repoussa avec dédain les paroles de courtoisie de son vainqueur, et, plein de rage et de projets de vengeance, se retira pour méditer sur la ruine de sa gloire.

Les héraults proclamèrent Louis de Bourgogne vainqueur de cette journée, et joignirent à son nom celui d'Edouard de Savoie, son second en vaillance. Le duc de Brabant descendit de son trône, et conféra l'ordre de chevalerie à tous les combattans. Tandis que des pages leur attachaient les éperons d'or, les menestrels firent entendre les refrains solennels de l'ancienne chevalerie :

Vous qui voulez l'ordre de chevalier,
Il vous convient mener nouvelle vie,
Dévotement en oraison veiller,
Fuir tous péchés, orgueil et vilainie;
Garder l'Église, être grand justicier,
Au pauvre peuple être courtois et tendre,
Sauver la veuve et l'orphelin défendre:
Ainsi se doit gouverner chevalier.

Il doit chercher, en véritable preux,
Dangers brillans, faits de chevalerie;
Partout loyal, guerrier aventureux,
Suivre tournois, et joûter pour sa mie;
Bien et souvent des présens octroyer,
Et donner tout, si le cas le réclame,
Hors le secret et l'amour de sa dame :
Ainsi se doit gouverner chevalier.

A la victoire appelant ses soldats,
Un conquérant marche avec des armées;
Un chevalier, armé de son seul bras,
Va rassurer les nations charmées.
Il est pour lui toujours temps de veiller
Pour réprimer le traître et le barbare;
S'il voit des torts, d'abord il les répare :
Ainsi se doit gouverner chevalier.

Les jeunes chevaliers s'avancèrent à pied, et la tête découverte, jusqu'au trône de la duchesse de Brabant, où ils reçurent ses félicitations et ses vœux pour leurs succès dans les combats. Ils se dispersèrent ensuite, et se mêlèrent parmi les spectateurs. Louis de Bourgogne, dont le jeune courage et le noble orgueil rehaussaient encore la bonne mine, se rapprocha du balcon où était Mathilde, et lui offrit l'hommage de sa première victoire. Mais il commençait à peine à lui exprimer ses sentimens en termes passionnés et respectueux, que la comtesse de Hollande, qui avait eu les yeux attachés sur lui pendant le combat, et qui maintenant, pour la première fois, contemplait ses traits et entendait le son de sa voix, manifesta la plus violente émotion, malgré ses efforts pour la dissimuler. Elle parut frappée de terreur, tout son corps trembla; une pâleur mortelle succéda à la rougeur ardente qui s'était d'abord répandue sur son visage; elle tomba enfin dans les bras de sa fille, en s'écriant : « Juste ciel! Le roi de Thessalie! » Et elle perdit connaissance. La douleur de Mathilde, à cette scène extraordinaire, ne fut pas plus grande que la surprise du jeune chevalier, qui se voyait la cause de cette alarmante révolution; sa présence d'esprit fut néanmoins d'un grand secours. Tandis que le sénéchal mettait tout en rumeur par ses cris, que l'évêque se préparait à administrer la comtesse, et que les dames allaient de tous côtés, si ce n'est où elles auraient pu être utiles, communiquant leurs terreurs et leurs lamentations à toute l'assemblée, Louis aida Mathilde à soutenir la comtesse, qui commençait à reprendre connaissance, et ils la conduisirent dans un appartement écarté du château de Bruxelles. Elle retrouva bientôt toutes ses facultés, et le jeune chevalier se retira pour ne pas renouveler l'impression terrible que sa vue avait faite sur elle; mais les remercîmens affectueux de l'aimable Mathilde lui laissèrent l'espérance de la revoir, avant son départ de Brabant, sous des auspices plus favorables.

La comtesse ne fit pas d'allusion à la cause de cet accident, et sa fille évita de faire aucune question qui pût le lui rappeler, malgré la vive curiosité qu'elle ressentait de pénétrer un mystère aussi étrange. Bientôt la comtesse fut en état de l'entretenir sur les événemens du jour, avec son calme habituel, et elle n'affecta point de garder le silence sur le jeune vainqueur, dont elle parla même avec une sorte d'enthousiasme. Il y avait quelque chose qui ressemblait à de l'exaltation dans ses manières et dans son langage, chaque fois que le nom du comte de Bourgogne était prononcé devant elle; et Mathilde regrettait en secret que l'extrême délicatesse de Louis l'eût éloigné si promptement. Sa mère lui proposa d'aller rejoindre la société dans la grande salle du château. Elle reçut cette proposition avec une joie mêlée d'inquiétude. Le noble chevalier qui venait de se déclarer son champion, et qui avait manifesté si ouvertement l'impression qu'elle avait faite sur lui, ne quitterait pas sans doute la cour de Brabant sans tenter de la revoir, et de lui laisser un souvenir assez profond pour ne plus craindre les effets de l'absence. D'un autre côté, la scène extraordinaire qui venait de se passer avait pu déplaire au chevalier, ou peut-être encore (mais cette dernière supposition n'était approuvée ni par son amour naissant, ni par sa vanité), l'inclination de Louis n'avait été qu'un caprice, et s'était déjà évanouie.

Cette idée la suivit au milieu des plaisirs de la cour. Il lui fut impossible d'y donner quelqu'attention, et bien moins encore aux graves discours de l'évêque, aux remarques critiques du sénéchal, et à la conversation plus amusante du duc de Guèldres. Ce dernier s'aperçut bientôt de la distraction de Mathilde; il en soupçonna le motif, et ne voulant pas la troubler dans ses rêveries, il s'adressa plus particulièrement à la comtesse et aux dames qui l'entouraient. Il n'était pas en effet difficile de deviner les sentimens de Mathilde; et si les événemens de la matinée n'avaient pas été suffisans pour convaincre l'observateur attentif que son cœur n'était pas indifférent pour le chevalier que ses charmes avaient subjugué, la découverte n'eût plus été douteuse pour quiconque eût remarqué le but constant de ses regards : ils avaient distingué parmi les divers groupes le jeune comte, alors engagé dans une conversation très-animée avec les dames de Bourgogne ; Mathilde aurait voulu attirer son attention ; mais lorsqu'elle rencontra enfin ses yeux, une profonde et silencieuse révérence fut tout ce qu'elle obtint, et il se perdit dans la foule. Mais bientôt elle l'aperçut de nouveau, et dans une circonstance qui lui fit oublier le froid accueil qu'elle en avait reçu une heure auparavant. Une vive altercation s'était élevée entre lui et le furieux Réginald de Roye. Leurs yeux étaient enflammés de colère ; ils saisissaient avec violence la garde de leurs épées, et paraissaient se défier réciproquement; elle les vit enfin sortir ensemble, suivis de plusieurs chevaliers qui avaient vainement essayé de les apaiser. Son imagination les suivit aussi; elle lui peignait le héros de cette journée, triomphant de nouveau de son ennemi; d'autres fois Mathilde se le représentait expirant sous le poignard d'un assassin, et pressant de ses lèvres déjà glacées le bracelet d'or qui avait orné son casque. Elle n'osa pourtant s'informer de l'issue de ce fatal combat, et personne ne la tira d'inquiétude. Retirée dans son appartement, son agitation l'empêcha de se livrer au repos. Agnès de Hohenberg, sa compagne favorite, ne reçut pas la confidence de son tourment; la conversation lui était insupportable, et ses pensées, toutes terribles qu'elles étaient, lui paraissaient préférables. Elle dit donc à Agnès d'aller se reposer, et de la laisser jouir encore de la beauté de la nuit. Agnès, malgré sa surprise (car les froides nuits de décembre ne lui paraissaient pas inviter à veiller), se retira sans faire de question indiscrète. Nous devons penser qu'elle avait ses motifs particuliers, et qu'elle préférait aussi ses rêveries à la conversation de sa compagne. Peut-être la superbe parure, les diamans et l'élégante personne du vicomte de Gommégines, venaient s'offrir vaguement à sa pensée, tandis que Mathilde veillait à sa fenêtre, à la clarté de la lune, vers laquelle elle levait des yeux humides de pleurs, ou que plus souvent, elle regardait attentivement les sentinelles qui passaient et repassaient sur les créneaux, espérant en apprendre quelques nouvelles du combat de Louis de Bourgogne.

CHAPITRE IV.

Si les gardes du château se fussent doutés qu'une princesse alarmée veillait à une fenêtre voisine, et qu'elle attendait d'eux du soulagement à sa douleur, ils se seraient sans doute empressés d'y satisfaire; ils auraient pu lui dire que le sire Réginald, ne pouvant supporter l'affront qu'il avait éprouvé le matin, avait accusé son adversaire, devant vingt autres chevaliers, de trahison et d'avoir violé les lois de la chevalerie; que Louis avait repoussé l'accusation en loyal chevalier; qu'un défi s'en était suivi, et que le bois attenant au château avait été le lieu d'un combat furieux. Ils auraient pu l'instruire de toutes ces choses; mais ignorant qu'il y eût au monde une personne à qui ils pussent ainsi rendre service, ils gardèrent un profond silence toute la nuit sur ce point, et s'entretinrent de choses qui les intéressaient plus immédiatement. S'apercevant enfin combien son espérance était vaine, Mathilde chercha dans le sommeil un soulagement à sa peine. Les chroniques de Hollande ne disent pas si elle obtint le repos dont elle avait tant besoin; elles nous apprennent seulement qu'elle quitta son lit au point du jour; et, tandis que la douce Agnès rêvait encore au manteau couleur de pourpre et à la housse de drap d'argent, elle passa dans une galerie attenante à son appartement, et descendit sur la terrasse qui régnait autour du château. La beauté du jour naissant l'engagea à se promener plus au loin ; car dans ce temps-là les dames ne craignaient pas de s'exposer à une belle gelée du mois de décembre. Mais à peine eut-elle fait quelques pas, qu'elle fut frappée de surprise en apercevant celui qui avait troublé son sommeil. Il était à quelque distance, seul ; ses bras étaient croisés sur sa poitrine, et ses regards baissés vers la terre annonçaient ou la mélancolie, ou une profonde méditation. Le premier sentiment de Mathilde fut la joie ; le second, une sorte de confusion, et un léger ressentiment succéda à l'un et à l'autre ; car à présent qu'elle le voyait sain et sauf, elle se souvint de la froideur qu'il lui avait montrée la veille. « Pourquoi ses regards m'ont-ils évitée, se disait-elle ; et pourquoi, au lieu de se rapprocher de moi, s'est-il éloigné si brusquement? » Les sévères lois du décorum n'étaient pas aussi bien fixées dans le treizième siècle que de nos jours. On n'avait pas encore posé en principe, qu'une jeune personne perdait tous ses droits à l'estime, quand elle était vue seule avec un jeune chevalier, au lever du soleil. Si donc notre héroïne pensa à la retraite, non par de justes idées des convenances, mais par ressentiment, nous prions qu'on ne juge pas son motif trop sévèrement; et si, au lieu d'effectuer cette retraite, elle reste à sa place et fait face à l'ennemi, que les lecteurs ne ferment pas le livre, mais qu'ils pensent qu'ils auraient peut-être agi comme elle, car Louis leva les yeux au moment où elle détournait les siens; la voir et voler auprès d'elle, fut l'affaire d'un même instant; il s'empara de sa main, et s'écria avec impétuosité : « O Mathilde ! vous que mon cœur a choisie, vous à qui mes vœux sont consacrés ainsi que mon épée, vous, dont l'image est pour toujours gravée dans mon âme, et qui serez l'éternel objet de mon culte, oh ! pardonnez l'apparente inconséquence de ma conduite, et plaignez la rigueur de ma destinée qui m'a forcé de vous paraître ingrat ou inconstant ! Je ne puis entrer dans des détails qui m'enleveraient une partie des momens précieux que m'offre la fortune, et que peut-être je ne retrouverai plus ! sachez seulement que la cause en est liée, par un enchaînement mystérieux de circonstances, à l'incident qui nous a séparés hier.... Le roi de Thessalie ! mais évitons d'en parler. Je ne le pourrais qu'avec une peine extrême.

Si quelque jour.... ô Mathilde! j'ai l'espoir qu'un jour viendra où les mêmes affections, les mêmes intérêts nous seront communs; alors les nuages qui obscurcissent ma destinée seront dissipés... Mais, hélas! ce temps est encore éloigné! — Malgré l'impossibilité où je suis de vous parler plus ouvertement, en croirez-vous le serment solennel, attesté par l'honneur, qu'une rigoureuse nécessité m'a fait éviter votre présence, et daignerez-vous me pardonner, et accorder quelque part dans votre affection à l'infortuné qui vous a offensée involontairement. »

De sa vie Mathilde n'avait été aussi embarrassée de trouver une réponse. « Je ne puis vous pardonner, dit-elle enfin en hésitant; car je ne sais pas ce que je dois pardonner. Je ne me plains de rien, d'aucune négligence, d'aucune.... mais si vous êtes malheureux, je vous plains du fond de mon âme,.... je désire que vous soyez heureux, que tous les nuages qui obscurcissent votre destinée se dissipent, et si mon amitié et mes prières peuvent vous être utiles, je vous accorde l'un et l'autre. » Mathilde savait à peine ce qu'elle entendait par ce demi aveu, et elle ne l'avait fait que par la nécessité de dire quelque chose. Mais le chevalier ne fut pas embarrassé de lui donner une interprétation; il tomba à ses genoux, et pressa de ses lèvres la main qu'il tenait encore dans les siennes. Il est vrai que sa belle maîtresse ne montra pas un grand ressentiment de cette audace; elle n'essaya même pas de retirer sa main; mais, d'une voix qu'on entendait à peine, elle lui dit de se relever. « Je ne me releverai, s'écria-t-il, qu'après m'être engagé par l'honneur et la foi de chevalier. Ah! puissiez-vous accepter et confirmer le serment que je fais de vous consacrer ma vie! Ne rejetez pas cet hommage! et quand le ciel aura éprouvé ma vertu, quand je serai digne des récompenses si douces d'un noble amour, que votre cœur réponde au mien, et que le don de votre main comble ma seule ambition sur la terre! » « Levez-vous, » dit Mathilde, entraînée par un pouvoir plus fort que sa timidité habituelle, et qui lui rendait la force de s'exprimer, « levez-vous, comte Louis de Bourgogne! J'accepte votre hommage! je sens tout le prix de votre amour! l'orgueil et la gloire de ma vie seront de vous entendre nommer mon chevalier! que tous les anges vous protègent et vous bénissent, et que le ciel ne permette jamais que, pendant les épreuves qui vous attendent, aucune tache ternisse votre beau nom, et me fasse repentir de mon choix! soyez donc le défenseur de votre Dieu, de votre roi, et de celle qui entend et approuve vos vœux! »

Elle détacha alors de son col une croix de diamans qu'elle lui présenta. « Portez-la, lui dit-elle, elle me rappellera à votre souvenir, et puisse le dieu dont elle est l'emblême vous protéger, vous consoler dans les périls et les combats. »

Je n'essayerai pas de peindre les transports de Louis. Il baisa mille fois les mains de l'aimable Mathilde, et, enhardi par sa faible résistance, il osa passer un bras autour de sa taille, et sceller sur ses lèvres vermeilles son vœu de constance et d'amour.

Leur conversation se prolongea jusqu'au moment où il fallut nécessairement rejoindre la compagnie du château. Ces momens fortunés étaient trop précieux pour les perdre en explications; Mathilde apprit seulement que le farouche Réginald de Roye avait été vaincu une seconde fois par son rival qui lui avait rendu son épée en lui accordant la vie, et lui demandant son amitié; un sujet plus intéressant occupa les deux amans, et les roses disparurent des joues de Mathilde quand le chevalier parla de séparation. «O ma chère Mathilde! s'écria-t-il, si nouvellement heureux, et sitôt misérable! peu d'instans encore, et je n'entendrai plus le son céleste de votre voix!

une heure si vite écoulée, et je ne distinguerai plus votre charmante figure au milieu de la foule où mes yeux seuls savaient vous découvrir! Et pourtant, quand les mois et les années auront passé sur ma tête, quand les vastes mers nous sépareront, je me rappellerai avec délices cette heure de bonheur, j'attacherai mes regards sur ce don si cher de l'amour, votre image adorée sera présente à mon souvenir, et vos derniers accens vibreront à mon oreille. Oui, Mathilde, je le répète, l'absence, le fracas des armes, la splendeur des cours, rien ne me fera oublier cet entretien ; il tiendra toujours la première place dans mon cœur. — Cependant je l'ai juré sur l'autel (ne tremble pas, mon aimable Mathilde), ma première entreprise doit être la délivrance du

Saint-Sépulchre. Dans trois mois le terme prescrit par mon voeu sera expiré ; dans trois mois j'aurai dit un adieu peut-être éternel à mon pays, à mes amis, et j'aurai jeté mon dernier regard sur les belles plaines de la France! Si je meurs, ô Mathilde! combien mes derniers momens seront encore heureux si je puis penser que ma mémoire vous sera chère, et qu'une de vos larmes sera répandue sur mon tombeau! » « Oh! ne doutez pas de mon cœur! » dit-elle d'une voix éteinte par son émotion. « Jamais, jamais je ne vous oublierai ; le souvenir de ce moment me suivra jusqu'à la mort. Il adoucira mes derniers instans ; et si je suis condamnée à vous survivre, il prendra la place de l'espérance, et remplira le vuide affreux de mon cœur! »

Louis n'eut pourtant pas le courage de quitter Mathilde aussi tristement, et il lui donna à penser qu'il se flattait encore de la revoir avant son départ. Il devait aller visiter les cours du duc de Guèldres et du comte Zutphen, où plusieurs barons et chevaliers l'attendaient pour prendre les derniers arrangemens avant leur départ pour la Terre-Sainte. A son retour, il pouvait se présenter à la cour de la comtesse de Hollande, auprès de laquelle une longue alliance politique et un degré eloigné de parenté justifieraient cette visite.

Il fallut enfin se séparer. Après un triste et tendre adieu, Louis s'éloigna, et Mathilde regagna lentement son appartement, où la gentille Agnès s'étonnait de son absence.

CHAPITRE V.

Louis alla chercher son frère d'armes, Edouard de Savoie ; il le trouva devant la porte du nord, attendant que Blanche parût à sa fenêtre : la fortune, qui opposait d'invincibles obstacles au succès de ses vœux, lui laissait la consolation de voir quelquefois la princesse de Bourgogne, et de lire dans ses yeux qu'il était aimé. Lui aussi, se préparaît à une longue séparation, et il avait encore moins que Louis l'espoir du bonheur. Son serment l'engageait aussi à l'expédition dans la Palestine. Il se promettait au moins la douceur de parler de Blanche avec le frère qu'elle chérissait, et d'en apprendre des nouvelles. Le cœur d'Édouard s'était confié à son ami, et Louis de Bourgogne l'avait servi de tout son pouvoir, au risque de déplaire au duc son frère, et à presque toute sa famille. Mais leurs interêts se confondirent plus encore quand il eut révélé à Edouard le secret de sa liaison avec Mathilde. Leur conversation fut interrompue par l'arrivée d'un page, qui remit à Louis un billet conçu en ces termes : « Réginald de Roye attend le comte de Rourgogne dans la forêt de Boisfort, armé d'une épée et d'un poignard. Le sire de Roye aura un second. » Étonné, mais non effrayé de la profonde haine de celui dont il avait épargné deux fois la vie, Louis se prépara sur-le-champ à se rendre dans la forêt, et Edouard voulut l'accompagner. Ils soupirèrent en pensant que cette rencontre les priverait sans doute de revoir encore une fois leurs belles maîtresses avant leur départ de Bruxelles; mais dans leurs nobles âmes l'honneur et l'amitié l'emportaient toujours sur la passion ou le plaisir. Dès qu'ils furent armés, ils se rendirent au lieu du rendez-vous, suivis de deux pages. Ils mirent pied à terre à la lisière du bois, laissèrent leurs chevaux à leurs pages, et s'enfoncèrent dans le plus épais du taillis, pour chercher leurs adversaires, qu'ils avaient cru trouver à l'entrée. Ils parcoururent plusieurs milles sans les découvrir, et l'écho seul répondait à leurs cris; enfin, comme ils entraient dans une partie du bois qui semblait n'avoir jamais été fréquentée, ils virent à peu de distance un homme de mauvaise mine, qui, en les apercevant, s'écria d'un ton élévé et brutal : « Lâches chevaliers ! pourquoi ne joignez-vous pas le sire Réginald de Roye ? pourquoi l'évitez-vous ? la crainte a-t-elle pris possession de vos cœurs timides ? » Puis, avec une rapidité extrême, il s'élança dans un taillis tellement épais, qu'on le perdit aussitôt de vue. Enflammés de rage à cette insolente provocation, Louis et son ami se précipitent à la poursuite de cet homme ; mais ils ne tardent pas à s'apercevoir qu'ils perdent entièrement sa trace, et qu'ils s'enfoncent toujours davantage dans les détours inextricables d'un lieu sauvage, où ils auraient beaucoup de peine à retrouver leur route. Ils s'arrêtent pour se consulter, lorsqu'ils entendent de bruyans éclats de rire accompagnés de nouvelles insultes. Ils dirigent de nouveau leur course vers le lieu d'où ces sons proviennent, mais à mesure qu'ils avancent, les mêmes sons se font entendre à la même distance, et semblent toujours s'éloigner, comme pour les inviter à continuer leur poursuite. Cet étrange et vil manège dura jusqu'à ce que la nuit eût tout-à-fait obscurci les objets. Le vent soufflait avec violence et la pluie tombait par torrens. Les chevaliers n'entendirent plus leurs guides mystérieux, et se repentirent trop tard de s'être exposés à passer toute la nuit dans la forêt. Leurs forces étaient épuisées; ils se laissèrent tomber sur la terre pour y attendre le jour, quand l'éclat passager d'une lumière perça les ténèbres de la forêt, et bientôt ils entendirent distinctement des pas de chevaux et des voix humaines.

Leur première idée fut qu'ils allaient être entourés de bandits (les forêts de Brabant en étaient alors infestées); mais ils n'avaient jamais envisagé le danger avec plus d'indifférence. Trop épuisés pour songer à le repousser, sous quelque forme qu'il se présentât, ils attendaient tranquillement leur sort. Ils ne tardèrent pas à se détromper. Le plus avancé de la troupe, qui, par ses habits et sa démarche, semblait être un noble chevalier plutôt qu'un voleur, leur cria : « Rendez-vous, chevaliers! vous êtes mes prisonniers. — Vos prisonniers! s'écria Louis; de quel droit? Le pays de Brabant est en paix, pourquoi nous parlez-vous le langage de la guerre? — Vous êtes venus avec des vues hostiles, reprit le cavalier, vous êtes tombés dans le piége qui vous était préparé, la résistance est inutile. Cinquante de mes gens sont prêts à soutenir la justice de ma prétention. » L'étranger, suivi de ses compagnons, s'avança avec tant de précipitation en achevant ces mots, qu'en un instant les deux chevaliers furent désarmés; on les fit monter à cheval, et leur donnant une escorte de dix hommes armés, on se remit en route. Après deux heures de marche, ils arrivèrent aux confins de la forêt, et sans faire attention à l'orage qui augmentait d'une manière effrayante, ils ne s'arrêtèrent qu'aux premiers rayons du jour. Ils entrèrent par un pont-levis dans un vieux chateau abandonné, au milieu d'un terrain humide et marécageux. Là, il fut permis aux prisonniers de se reposer des fatigues de la nuit. Au profond silence qui avait régné pendant la route, succédèrent les apprêts bruyans d'un repas; des viandes froides et différentes sortes de vins furent servis dans une grande salle délâbrée, dont la tenture attestait l'antiquité : toute la troupe y prit part; aucun d'eux ne paraissait au-dessus des autres, mais tous s'accordaient dans les égards qu'ils montraient aux deux étrangers, qui, pressés par une faim cruelle, firent d'abord trève à tout autre sentiment. Enfin Louis s'adressa au cavalier qui leur avait d'abord parlé, et lui demanda l'explication de la scène extraordinaire qui venait de se passer. « Tranquillisez-vous, vous en avez besoin, lui répondit-il; votre curiosité, si je la satisfaisais, ne trouverait dans mon explication aucun soulagement. Peut-être vous en dirai-je davantage avant de recommencer notre voyage. » Ils insistèrent inutilement pour être instruits sur-le-champ, leurs demandes restèrent sans réponse, elles n'obtinrent de ceux à qui elles étaient adressées qu'un sourire de supériorité et de mépris.

La nature l'emporta encore sur le ressentiment de l'honneur blessé : Louis et Edouard n'avaient jamais dormi plus profondément dans les palais de Bourgogne et de Savoie que dans ce triste château, couchés sur de misérables grabats, les meilleurs cependant qu'on avait pu trouver. Ils ne se réveillèrent qu'à la fin du jour ; il fallut alors se rendre dans la grande salle, où toute la troupe était rassemblée pour y prendre encore un repas avant de se remettre en route. Ils examinèrent avec plus d'attention le lieu où ils se trouvaient, et les gens qui les entouraient.

Ils ne se croyaient plus avec des voleurs, puisqu'on ne leur avait ôté que leurs épées, tandis que la croix de Mathilde brillait sur la poitrine de Louis. Les manières et le bon ton qu'ils remarquèrent en eux les convainquirent aussi de l'injustice de leur première impression; mais ils n'en renouvelèrent leurs questions qu'avec plus d'instance. Le cavalier qui leur avait déjà parlé, leur dit enfin : « Vous êtes les prisonniers d'Henri de Rosempré, né gentilhomme, et dont les exploits dans sa jeunesse ont rehaussé la noblesse; le lustre de sa vie est maintenant passé, des nuages funestes obscurcissent son nom et ternissent sa renommée. Vous êtes en sûreté avec lui; il sera votre appui et votre défenseur. Vous saurez peut-être un jour par quel fatal enchaînement de circonstances il est forcé d'agir contre les lois de l'honneur et de la chevalerie. A présent, un profond mystère enveloppe vos destinées et la sienne; sachez seulement que nous nous rendons sur les côtes de la mer, où une embarcation nous attend pour nous éloigner de ces bords détestés. Toute résistance serait vaine; rien ne peut vous délivrer d'entre mes mains. Nous ferons voile vers une terre éloignée, où nos destins futurs seront réglés par des événemens que je ne puis prévoir. Je vous jure de nouveau, par tout ce qu'il y a de sacré, que vos personnes sont en sûreté avec Henri de Rosempré! »

Les chevaliers ne purent obtenir de plus longues explications; ils virent que leur captivité était sans terme comme sans espérance; mais la résistance était impossible, et les prières, s'ils eussent voulu s'y abaisser, auraient été également inutiles. La caravane se remit en route après le souper. Rosempré marchait auprès de nos héros, et cherchait à leur faire supporter l'ennui de leur situation par une conversation vive et variée. Les deux chevaliers refusèrent d'abord de lui prêter attention, et par la fierté de leur silence témoignaient combien ils étaient offensés; mais ils se laissèrent adoucir insensiblement par les manières insinuantes de leur guide; ils oublièrent, en l'écoutant, qu'ils étaient ses prisonniers, et qu'il les menait à sa volonté dans un exil qui pouvait devenir un bannissement perpétuel.

L'aurore brilla sans qu'ils s'en fussent aperçu, et ils arrivèrent dans un hameau où ils demandèrent l'hospitalité pour la journée. La cloche du soir devint encore le signal du départ, et la cavalcade reprit le même ordre que les deux nuits précédentes; le sire de Rosempré racontant à ses prisonniers les aventures de sa première jeunesse, et les faits d'armes dont il avait été témoin ou acteur. Vers la fin de cette nuit, comme ils entraient dans un bois, ils virent, à un mille de distance, des feux que le feuillage des arbres ne leur laissait apercevoir qu'imparfaitement. Un homme de la troupe, nommé Enguerrand, dit à Rosempré : « Nous sommes à trois grands milles du château d'Yselstein; Dieu veuille que nous n'ayons pas à repousser la bande de Gérard d'Hogstraten, qui rode continuellement sur les frontières de Hollande, et qui est forte de deux cent cinquante lances!

« Je ne crains personne, répondit tranquillement Rosempré ; cinquante hommes comme nous peuvent tenir tête à un ramas de brigands indisciplinés. Cependant, restez ici, gardez ces deux chevaliers ; je vais, avec cinq hommes choisis, reconnaître ces lumières incertaines. » Il choisit ses compagnons, piqua son cheval et disparut, tandis que le reste de la caravane gardait ses positions. Bientôt on entendit distinctement de grands cris et le cliquetis des épées : on put conjecturer que l'avis donné par Enguerrand n'était que trop fondé, et que le brave et imprudent Rosempré avait été attaqué par une force bien supérieure à celle de toute sa troupe. Il restait peu de temps pour délibérer ; les uns coururent rejoindre Rosempré, d'autres se dispersèrent dans le bois. Enguerrand et dix autres gardaient les prisonniers, quand un parti d'hommes à cheval et bien armés vint les attaquer, et les forcer à songer à leur défense. Le combat qui suivit offrit au comte et à son ami l'occasion de s'échapper, qu'ils désiraient si vivement. Ils partirent au galop sans être aperçus d'Enguerrand ni de ses compagnons, et, favorisés par l'obscurité, laissèrent loin derrière eux leurs gardiens et les bandits qui les combattaient. Mais la retraite précipitée des chevaliers les jeta dans un nouveau malheur; car ils se perdirent de vue dans les ténèbres, et Louis fit inutilement retentir la forêt de ses cris, et du nom de son frère d'armes. Les premiers rayons du jour lui apportèrent un autre sujet de peine; le bruit des armes et les hennissemens des chevaux, qui venaient par intervalle frapper son oreille, lui apprirent qu'il s'était à peine éloigné du lieu de l'action, et qu'il n'avait fait que parcourir un même cercle. Il attribua cet incident à la recherche qu'il avait faite d'Edouard, et qui lui avait ôté toute idée de se diriger en songeant à sa sûreté. Encore incertain sur la route qu'il devait suivre, il vit à la clarté du jour l'herbe ensanglantée, et à quelque distance le cadavre d'un soldat qu'il reconnut pour avoir été l'un de ses gardiens. Il se hâta de ramasser l'épée qui était à terre près de ce soldat, et qu'il regarda comme un présent du ciel.

En suivant au hasard le chemin qui s'offrait devant lui, il aperçut bientôt trois des brigands, qui entouraient un cavalier. La générosité naturelle de Louis le fit voler à son secours, sans s'arrêter à l'idée qu'il allait protéger l'un de ceux qui s'étaient emparés de lui et de son frère d'armes avec tant de déloyauté. Son arrivée sauva la vie au cavalier, qui était près de succomber sous les efforts de ses assassins. Le plus robuste quittant alors sa proie, tomba comme un furieux sur Louis, qui le reçut sans en être ébranlé, et d'un seul coup le renversa mort à ses pieds. Henri de Rosempré (car c'était lui-même) recouvra ses forces à ce secours inattendu, et tous deux eurent bientôt mis les brigands en fuite. A peine se vit-il délivré d'eux, qu'il saisit la main de son libérateur, et s'écria avec chaleur : « Généreux jeune homme! ajoutez encore un bienfait à celui que je viens de recevoir de vous : pardonnez la trahison dans laquelle on m'avait engagé! pardonnez à un homme qui était injustement réduit au désespoir ! Entendez sans horreur prononcer mon nom ; et si jamais on vous parle du malheureux Henri de Rosempré dans un monde ingrat que j'ai quitté, ne joignez pas votre voix aux voix qui le maudissent ! Reprenez l'épée dont je vous ai dépouillé injustement ; elle a trahi mon courage, mais dans votre main elle défendra la justice et l'humanité, elle protégera la veuve et l'orphelin, elle punira la fraude et la violence. — Suivez cette route, elle vous conduira au château hospitalier de Lowestein ; de là, vous vous dirigerez vers le Brabant, ou vers la cour peu distante de l'ami de votre père, le comte de Hollande. Adieu, pardonnez, et pensez quelquefois sans colère à l'infortuné Rosempré ! »

Il échangea son épée contre celle

du comte, et sans attendre une réponse, il piqua de l'éperon les flancs de son cheval, et fut en un instant hors de vue. L'étonnement de Louis était extrême; son âme généreuse ne se souvenait déjà plus des torts du repentant Rosempré. Il baisa religieusement son épée, et renouvela le vœu de n'en faire usage que pour protéger de justes droits, et défendre la veuve et l'orphelin. Après quelques instans de repos, Louis s'aperçut qu'il avait reçu deux larges blessures à la tête, et que le sang commençait à en couler avec abondance. Un ruisseau d'eau fraîche lui procura quelque soulagement; il en étancha le sang de ses blessures, puis, malgré sa fatigue et une vive souffrance, il se remit en route pour arriver au château de Lowestein, éloigné de quelques milles. Il est douteux pourtant qu'il y fût parvenu (tant il était affaibli par la grande quantité de sang qu'il avait perdu), si les dernières paroles de Rosempré n'avaient présenté à son imagination des idées tellement séduisantes que ses forces en furent doublées.

CHAPITRE VI.

On se rappelle que lorsque le comte de Bourgogne et Edouard furent attirés dans les détours de la forêt de Boisford, ils ignoraient entièrement la direction qu'on leur faisait prendre dans leurs expéditions nocturnes; ils savaient seulement qu'on les conduisait à un port de mer. Le cœur de Louis avait éprouvé une vive émotion quand Enguerrand avait rappelé à son compagnon qu'ils étaient sur les frontières de Hollande; et cette émotion s'accrut quand il apprit de Rosempré qu'il était dans le voisinage de la cour où devait se rendre l'objet de tous ses vœux. C'était donc l'image de Mathilde qui le guidait au château de Lowestein. Il y arriva long-temps avant le coucher du soleil, et s'étant fait connaître, il fut reçu avec bonté et hospitalité par le vieux baron de Lowestein, dont le nom s'était illustré dans les combats en Palestine, où il servait sous l'étendard de Guillaume, père du comte de Hollande. Il vint à la grille du château recevoir son jeune hôte, qu'il avait vu autrefois à la cour du duc son frère, mais qu'il eut peine à reconnaître ainsi, pâle, ensanglanté, et sans aucune suite. Il l'embrassa avec bonté, s'empressa de le conduire vers une salle basse du château, et lui demanda avec intérêt la cause du triste état où il le voyait. Louis allait répondre, quand il entendit un cri perçant, qui fut suivi de la soudaine apparition de Mathilde. « Le comte de Bourgogne! ô ciel! il est blessé! » s'écria-t-elle en s'approchant, « il est mourant! » Louis, presque aussi agité qu'elle, assura cependant que ses blessures étaient légères, et que le repos seul suffirait pour le guérir. Il prit sa main tremblante, et se laissa conduire par elle dans la salle basse, où le baron les accompagna, également surpris et touché de cette scène.

La comtesse de Hollande, sa fille, l'évêque, le sénéchal et leur suite, étaient arrivés une heure avant le comte au château du baron, qui se trouvait sur leur route. Mathilde avait fait à sa mère le récit de ce qui s'était passé entre elle et Louis à la cour de Brabant, et la comtesse avait écouté ce récit avec l'indulgence d'une mère, mais avec une extrême émotion : pourtant elle était loin de blâmer la facilité avec laquelle sa fille avait cédé à la demande du jeune et noble chevalier ; elle implora les bénédictions du ciel pour l'union de deux cœurs vertueux, et ajouta avec un soupir : « Puissiez-vous être plus heureuse que votre mère ! » Mathilde avait souvent entendu sa mère se plaindre des malheurs de sa jeunesse, et elle sentit pour la première fois sa curiosité vivement excitée ; elle apercevait une liaison mystérieuse entre ces malheurs et l'exclamation inintelligible de sa mère le jour du tournoi. « Quel étrange rapport peut-il exister entre ma mère, le roi de Thessalie et le comte de Bourgogne ? » se demandait-elle. Elle hasarda même une question, et dit d'une voix timide : « J'ai souvent entendu ma mère se plaindre de son sort, et j'étais trop jeune sans doute pour être instruite de ses secrets; mais à présent que je suis d'âge à sentir le prix de votre confiance, peut-être trouveriez-vous du soulagement à me faire partager les peines depuis si long-temps renfermées dans votre sein. » La comtesse pressa sa fille contre son cœur. « Je vous ai trop long-temps caché, lui répondit-elle, plusieurs circonstances de ma vie et de l'histoire de ma famille, que vous devez connaître. Vous y êtes plus intéressée que vous ne pensez. Vous m'avez rappelé un devoir; et quand nous nous retrouverons seules dans le château de votre père, je vous ferai connaître la douloureuse histoire de ma jeunesse, qui dans ce moment encore, au soir de ma vie, est présente à ma pensée, et imprime à tous mes sentimens une mélancolie insurmontable. Mais jamais, depuis mon arrivée à la cour de Hollande, le souvenir de mes malheurs n'a été réveillé aussi vivement que lorsque le comte de Bourgogne parut devant notre balcon. Il est juste que vous sachiez la cause de la violente émotion qui s'empara de moi, quoique, même aujourd'hui, un mystère impénétrable nous voile encore la vérité. »

Cette promesse fut bien douce pour Mathilde; et dans sa reconnaissance, elle fit part à sa mère de toutes ses pensées, de toutes ses espérances. Ce fut alors que l'arrivée de Louis de Bourgogne blessé causa une si grande alarme; et la comtesse concevant bien toutes les anxiétés de sa fille, ne fut guère moins empressée qu'elle à s'informer de l'état du malade, et à envoyer chercher des secours.

Pour le comte, son bonheur passait son espérance : le tendre intérêt que lui témoignaient la comtesse et son aimable fille, les soins empressés qu'elles lui portaient, lui faisaient tout oublier, hors son amour. Il trouva assez de force pour raconter ses aventures depuis sa conversation avec Mathilde sur la terrasse du château de Bruxelles. Quand il eut fini sa narration, sa pâleur et sa faiblesse décélèrent sa souffrance, malgré les efforts qu'il faisait pour la cacher. Mathilde et sa mère redoublèrent leurs instances pour qu'il se retirât dans la chambre qu'on lui avait préparée, où elles l'accompagnèrent; et là, avec des baumes d'une vertu souveraine, elles pansèrent ses blessures.

Le temps n'est plus où les dames

de haut parage ne dédaignaient pas d'être instruites dans l'art de guérir; les demoiselles de qualité se garderaient bien aujourd'hui de toucher de leurs doigts délicats des sirops, des fioles, et d'entrer dans la chambre d'un jeune chevalier blessé en duel; elles ne lui tiendraient pas compagnie pendant sa convalescence, comme le fit Mathilde : notre héroïne trouvera son excuse dans l'usage universel au treizième siècle. Alors les femmes, quelque fût leur rang et leur naissance, regardaient comme un devoir sacré d'acquérir la connaissance des simples et des baumes, pour être en état de soulager les chevaliers que les hasards de la guerre pouvaient amener près d'elles; et ceux qui ont connu l'efficacité d'un serrement de main, l'influence d'une voix tendre et l'enchantement d'un doux regard, comprendront par quels degrés rapides et certains la guérison de Louis fut opérée. Je donnerais, en faveur des médecins, un traité séparé de cette méthode de traitement, si les chroniques de Hollande étaient entrées dans de plus grands détails à ce sujet. On dit, mais je n'oserais le garantir, on dit qu'un cahier écrit sous la dictée du malade lui-même, par Gérard Van-Hoorn, célèbre médecin du treizième siècle, et contenant tous les détails de cette cure opérée par l'amour, tomba dans les mains du jaloux docteur Boerhaave, et que ce malin vieillard (qui mérita le titre de père de la médecine, malgré cette faiblesse), jeta le traité au feu, de peur que la supériorité de la science d'une femme, qui, sans doute, n'avait pas fait comme lui de profondes études, ne répandît sur la médecine une grande défaveur. J'offre cette petite anecdote à mes lecteurs comme je l'ai trouvée dans une chronique scandaleuse du temps, et je préviens que je n'y ajoute aucune foi : quelque succès qu'ait eu le système de Mathilde dans cette occasion, je pense qu'il n'aurait pas de même réussi dans une autre, à moins qu'elle n'eût le privilége d'inspirer à tous ses malades l'ardent amour que ressentait le comte de Bourgogne; car tel était le moyen principal de son plan d'opérations.

Il fallait que les blessures de l'amoureux chevalier fussent terribles, puisque, malgré l'habileté de son médecin, il ne lui fut pas permis de quitter sa chambre de quinze jours; et ce ne fut que quinze autres jours après, qu'on jugea une rechute impossible, et qu'on lui permit de quitter le château de Lowestein. Durant tout ce temps, la comtesse et Mathilde restèrent chez le baron; et ce respectable vieillard montra toujours le plus tendre intérêt pour son jeune et noble ami. L'évêque d'Utrecht se récria vainement sur l'inconvenance de la conduite de la comtesse. Il avait des raisons pour trouver trop long son séjour au château du baron. Personne n'ignorait que le palais épiscopal de l'hypocrite prélat était habité par d'aimables locataires. Le sénéchal fut le seul écho de l'évêque; et ce dernier, après avoir prêché inutilement l'espace de deux semaines, prit le parti d'abandonner à son sort le dépôt dont il s'était chargé pour le conduire saintement, et de retourner dans son diocèse, consoler Constance de Lindendorft et Françoise de Rotenheim, de sa longue absence, en leur faisant par occasion un discours sur l'immoralité des principes des princesses de Hollande.

Le jour où l'évêque monta sur sa mule, le sénéchal ordonna de seller son cheval; et ni Mathilde ni sa mère ne s'aperçurent de leur absence.

Les heures et les journées s'écoulaient pour le jeune comte de Bourgogne avec une rapidité extrême; tandis que son charmant médecin était devenu la compagne fidèle de ses promenades dans les jardins enchantés de Lowestein, toute autre idée que celle du bonheur était oubliée : l'amour qui unissait leurs cœurs devint un lien aussi durable que passionné, après un mois d'une si douce familiarité; mais les lois de l'honneur et de la chevalerie leur interdisaient à tous deux de former le désir d'une union plus intime avant que l'accomplissement de ses devoirs de chevalier eût rendu le jeune amant digne, par son courage et ses vertus, de la récompense qui lui était promise.

La comtesse, qui n'avait prolongé son séjour au château de Lowestein que pour voir confirmée la guérison qu'elle et sa fille avaient entreprise, mit enfin un terme à une illusion si chère.

Le mot de départ, qui affecta si péniblement le comte de Bourgogne, lui rappela en même-temps plusieurs circonstances, que son rêve de bonheur avait totalement chassées de sa mémoire. Les chevaliers de Gueldres et de Zutphen, les compagnons de son voyage à la Terre-Sainte, ne savaient rien de ses aventures, ni de l'accident qui l'avait retenu si long-temps chez le baron. Ils s'étaient peut-être embarqués sans lui, et l'idée des soupçons dont il serait l'objet quand on apprendrait qu'il avait perdu dans un délire amoureux des jours destinés à de nobles actions, le frappa d'une crainte mortelle. Le souvenir de son frère d'arme, et de la négligence qu'il avait mise à s'informer de son sort, fut un nouveau reproche pour lui. Un autre devoir lui était encore imposé par les loix de l'honneur outragé; c'était de remonter à la source de son humiliante captivité, et, si elle avait une autre origine que la volonté de Rosempré, de ne prendre aucun repos qu'il n'eût trouvé et puni le coupable.

Toutes ces pensées se présentèrent à la fois à son esprit; il surmonta la douleur de se séparer de l'aimable enchanteresse qui l'avait enchaîné trop long-temps, et ne forma plus que le vœu de se rendre digne d'elle, en volant où l'honneur l'appelait.

J'invoque ici l'imagination de mes lecteurs pour se représenter une scène d'adieux touchans entre deux amans bien épris; et suivant toujours mon guide, la chronique du temps, je dirai seulement qu'après un mois entier de résidence au château de Lowestein, le comte Louis de Bourgogne monté sur son coursier, et suivi d'un page et d'un écuyer, (qui l'avaient rejoint depuis quelques jours), prit tristement la route de Guèldres, tandis que la comtesse et sa fille se séparaient de leur vénérable hôte, pour se rendre à la Haye.

CHAPITRE VII.

De retour dans le château de son père, Mathilde ne se sentit pas beaucoup de dispositions à reprendre ses anciens exercices, et ne trouva plus le même agrément dans la conversation de ses compagnes. Elle devint rêveuse, mélancolique; la solitude seule lui plaisait. La cause de ce changement n'était pas un secret pour sa mère, qui l'observait avec une vive inquiétude, et cherchait tous les moyens de la distraire. Un jour, se rappelant la promesse qu'elle avait faite peu de temps auparavant, et sur une nouvelle prière de Mathilde, elle commença le récit de sa vie à peu près en ces termes:

« Godefroy de Ville-Hardouin, mon grand-père, était le cadet d'une famille noble, et fut destiné au service. Il reçut de bonne heure l'ordre de chevalerie, du célèbre Baudouin comte de Flandres, honneur qu'il mérita par une bravoure éprouvée, et des talens militaires. Depuis ce temps, il s'attacha à la fortune de ce prince, qu'il servait avec l'affection d'un fils. Aucun lien d'intérêt ni d'amitié ne le retenait dans son pays natal; et quand, par un motif de religion, Baudouin prit la bannière de la croix, mon père le suivit en Palestine. Mon aïeul était, avec le vaillant Boniface marquis de Montferrat, le plus brave des chevaliers chrétiens au siège de Constantinople; et quand les soldats du Christ eurent enfin triomphé des Grecs infidèles, quand Baudouin reçut la couronne impériale, le nouvel empereur, en reconnaissance de ses loyaux services, lui conféra à perpétuité la principauté de l'Achaïe et de la Morée ; héritage légitime et sacré qu'un perfide m'a depuis ravi !

« Mon père n'ignorait pas qu'en lui faisant un si noble don, l'empereur Baudouin avait donné ce qu'il n'avait pas, puisque la principauté d'Achaïe appartenait à un *Despote* grec de la famille impériale des Angeli. Mon aïeul n'en fut pas moins reconnaissant ; il savait d'ailleurs que l'empereur ne possédait pas alors un pouce de terrein hors des murs de Constantinople, et il eut été peu convenable pour la majesté des Césars de ne pas récompenser avec magnificence les gens d'armes qui avaient servi avec fidélité. Le défaut de titres réels importait peu à mon aïeul ; il avait amassé des richesses considérables dans le cours de cette expédition, et il pensa qu'il n'en pouvait faire un meilleur usage que de s'en acquérir des partisans. Il réunit bientôt une petite armée de cinq cents Bulgares ou Serviens. Peu de ses anciens compagnons consentirent à le suivre, parce qu'ils trouvaient l'entreprise qu'il méditait téméraire, ou qu'ils occupaient ailleurs leur ambition; mais plusieurs Grecs, qui se trouvaient sans asile par suite de la guerre, se mirent au nombre de ses soldats, dans l'espoir de recouvrer de nouvelles propriétés. Ainsi avec huit ou neuf cents hommes, mal armés, plus mal équipés, presque sans provisions, mon grand-père, après avoir baisé la main de l'empereur, se mit à la recherche de ses domaines, sans autre preuve de leur existence, que la patente impériale qu'il conserva précieusement. Mon grand-père connaissait peu la géographie, moins encore l'histoire; il ne savait sur la Grèce que ce qu'il en avait appris de quelques moines dont il avait pillé les monastères; et il aurait pu errer long-temps avant d'arriver au but de son voyage, s'il n'avait eu recours aux naturels du pays; ils le guidèrent, ainsi que sa petite armée, qu'il recruta encore en traversant les montagnes de Macédoine, et les plaines boisées de la Thessalie. La première rencontre hostile eut lieu au fameux passage des Thermopyles. Ses guides l'avertirent de craindre une embuscade; et ainsi prévenu, il ne fut pas intimidé de voir fondre sur ses soldats un corps deux fois plus nombreux, et qui paraissait résolu à lui fermer toute issue. L'intrépidité de mon ayeul et le courage des siens plutôt que la science militaire, le tira de ce péril; en moins d'une heure il mit en fuite ses ennemis étonnés de trouver de pareils adversaires, auxquels ils n'étaient pas accoutumés. Beaucoup d'officiers furent tués, et leurs dépouilles devinrent la récompense des courageux Bulgares. Vers la fin du jour, mon aïeul aperçut un jeune grec de belle apparence, superbement vêtu, couvert d'armes dorées, qui luttait avec le sauvage commandant des Bulgares. Comme il était passionné pour les beaux faits d'armes, soit d'un ennemi, soit d'un ami, il s'arrêta à quelque distance pour contempler ce combat. La force des combattans n'était pas égale; mais le jeune Grec défendait sa vie, et le désespoir lui donnait une vigueur, une agilité qui balançait la force gigantesque de son adversaire. Le Bulgare avait déjà plié, et mon aïeul qui s'était vivement intéressé au jeune Grec, allait le féliciter de sa victoire, quand son épée vint se briser contre le bouclier du Bulgare, et le livra à la merci de son ennemi. Rendu plus féroce par une aussi longue résistance, le Bulgare leva son cimetère, et allait frapper le jeune homme désarmé, quand il s'écria : « Épargnez-moi! Je suis Emmanuel, le fils du *Despote* d'Achaïe; je me rends votre prisonnier, et vous recevrez de mon père une riche rançon. » Le Bulgare s'arrêta un moment, comme pour réfléchir; mais bientôt relevant son cimetère, il répondit avec une joie sauvage : « Non, tu as fait fléchir ce bras qui n'avait jamais fléchi. Ta vie peut seule expier un tel outrage. Tu ne vivras pas pour apprendre au monde que le fils d'Ardaburius a reculé devant toi ! » Cette férocité indigna mon grand-père : il vole au secours du prince... « Arrête ! » crie-t-il au Bulgare d'un ton d'autorité ; » ce Grec est mon prisonnier. » Le sauvage ivre de fureur ne peut supporter ce langage de la part d'un Franc qu'il avait toujours regardé comme son allié plutôt que comme son général, et il ne répondit que par un coup de son cimetère, que mon aïeul reçut sur son bouclier. Le combat qui s'en suivit fut à outrance, et long-temps douteux ; mais enfin mon aïeul étendit mort à ses pieds le Bulgare, à la même place où il avait commencé le combat.

» Le jeune Grec, trop généreux

pour avoir profité de l'occasion qu'il avait de recouvrer sa liberté, s'avança vers mon aïeul aussitôt que le combat fut terminé, et lui dit : « Je suis votre prisonnier par le droit des armes. Vous m'avez sauvé la vie, ma reconnaissance sera éternelle. » Mon aïeul lui serra la main, et le conduisit au camp, où sa petite armée réunie attendait le jour pour continuer sa marche.

» Cependant la mort de leur chef et les circonstances qui l'avaient accompagnée ne tardèrent pas à être connues des Bulgares ; la nouvelle s'en répandit dans tous les rangs avec rapidité. Aspar, cousin d'Ardaburius, son implacable ennemi pendant sa vie, devint son vengeur après sa mort. Abandonnant mon aïeul, et sans doute espérant pour lui-même la souveraineté qu'il devait l'aider à conquérir, il excita les siens à la révolte, et à faire main-basse sur les Francs, leurs alliés. La sédition était générale avant qu'on en sût rien au quartier des Francs, où on ne l'apprit que par les flammes qui s'élevaient des tentes les plus avancées, auxquelles les Barbares avaient mis le feu. Il fit des progrès rapides. Les forces de mon aïeul étaient dans la proportion d'un homme sur cinq; néanmoins, il fit sonner l'alarme, et se mit à la tête des siens avec son audace acoutumée. Le jeune Emmanuel combattit à ses côtés toute la nuit; les premiers rayons du jour montrèrent ce que peut la discipline jointe au courage, contre la violence et la fureur aveugles. Il semblait qu'une divinité tutélaire eût veillé sur les Francs; car au milieu des monceaux de Barbares, morts ou expirans, qui couvraient le champ de bataille, mon aïeul eut à peine à regretter dix soldats, et ne perdit aucun officier. Le turbulent Aspar était parmi les morts; ce qui restait des Barbares se dispersa dans la plus grande confusion. Mon aïeul fut assez prudent pour ne pas poursuivre les fuyards, et les abandonna à leur sort.

» Cependant, après avoir réfléchi sur les résultats de sa victoire, il fut loin d'en être satisfait. Il se trouvait sur les frontières du pays qu'il voulait soumettre, avec moins de deux cents hommes pour soutenir ses prétentions. Il avait lieu de croire que les Grecs s'y opposeraient de tout leur pouvoir, et il n'espérait pas en attirer aucun dans son parti. Le reconnaissant Emmanuel s'aperçut de son abattement, et en devina la cause.

Lorsqu'ils furent seuls, ce jeune prince lui adressa ces paroles :

« Ce serait vainement, mon généreux libérateur, que vous essaieriez de me cacher la cause de votre tristesse. Votre maître, le comte de Flandres... — L'empereur d'Orient, interrompit mon aïeul avec impatience. — L'empereur d'Orient, reprit le prince avec un sourire qu'il réprima aussi-tôt, vous a conféré en toute souveraineté les principautés d'Achaïe et de Morée, qui, malheureusement, sont à présent au pouvoir de mon père.

» Poussé par cet esprit de conquête qui a porté tant de milliers de vos compatriotes à chercher la mort sur les rivages de la Palestine, vous conçûtes l'incroyable projet de subjuguer avec moins de mille hommes, la plupart sans foi, sans discipline, tout le pays renfermé entre les montagnes qui nous environnent, la mer de Crète et le mont Taïgète. La victoire facile que vous avez obtenue sur les Grecs que je commandais, peut, il est vrai, justifier votre témérité, quoique vous deviez vous attendre à combattre de nouvelles armées qui seront envoyées contre vous au premier signal; mais les événemens de cette nuit vous prouvent aussi le peu de fonds que vous devez faire sur des hommes tels que les Bulgares, et à la tête de deux cents hommes au plus, vous ne pouvez espérer, ni de détrôner mon père et de le chasser de son palais de Patras, ni de retourner vers votre empereur à Constantinople. Ai-je deviné le motif de votre inquiétude? »

Mon aïeul garda le silence, et le prince continua :

« Vous vous êtes montré le défenseur de la justice et de l'humanité ; je vous respecte, je vous aime pour cette noble conduite. Vous m'avez sauvé la vie en exposant la vôtre, je ne l'oublierai jamais. Je vous trouve digne de la souveraineté que vous voulez obtenir ; je vous promets mon appui. Mon père est avancé en âge, et les infirmités le rapprochent du tombeau ; la couronne est un fardeau pour lui. Je suis son seul fils, et aucun lien du sang, aucune relation, ne peut autoriser les prétentions d'un autre. Ne croyez pas que je vous fais un sacrifice dont les temps anciens et modernes n'offrent aucun exemple, en vous cédant tous mes droits à la principauté de mon père après sa mort. Vous m'avez vu remplir les devoirs d'un prince et d'un chevalier, en combattant pour mon pays; mais le tumulte de la guerre n'a rien qui me plaise; je n'ambitionne pas de gouverner les hommes; je n'estime pas les honneurs et les dignités que donne le monde : je n'ai qu'une passion, mais elle est exclusive; c'est la soif de la science, et une insatiable avidité de m'instruire. Je ne vous demanderai que la possession d'une île, ou une étendue de territoire semblable à la moindre baronnie de France, et je vous abandonnerai volontiers, et avec plus de satisfaction que vous n'en sentirez vous-même, tout ce que je possède et posséderai jamais dans les principautés d'Achaïe et de Morée.

» Le plan que je propose n'a rien d'impossible, ni même de difficile à exécuter. L'âge et la faiblesse de mon père ne peuvent lui suggérer qu'un seul scrupule.... — Quel est-il? demanda mon aïeul avec vivacité. — Il a une fille..... — Elle sera mon épouse!..... s'écria mon aïeul, qui conçut à l'instant le plan d'Emmanuel. — Il n'y a pas d'homme sur la terre à qui j'aimasse mieux la voir unie. Une fois ce point arrangé, je ne pense pas que mon père se refuse à vous déclarer son successeur. Quant aux grands et au peuple.... — Oh! joignez vos forces aux miennes, interrompit encore mon aïeul, et nous les aurons bientôt soumis. — Sans doute, continua le prince en souriant; mais j'espère qu'il n'en sera pas besoin. Mon caractère et mes goûts sont connus dans les états de mon père, et je sais que beaucoup de mes futurs sujets ont murmuré hautement à la perspective d'avoir un savant pour prince.

— Je crois qu'ils ont raison, dit tout bas mon grand-père. — D'ailleurs, continua Emmanuel, les Grecs sont de tous les peuples celui qui aime le plus le changement, et malgré les préjugés que la religion pourra placer entre eux et vous.... — Assurez-leur que leur religion et leurs préjugés seront respectés. — Je ne doute pas qu'aussitôt que la volonté de mon père sera connue, ils ne reçoivent avec acclamation la dynastie d'un nouveau *Despote*. — Je n'aime pas ce titre bizarre de *Despote*. — Hé bien, que ce soit *comte* ou *prince*, leur joie n'en sera que plus grande, à cause de la nouveauté. A présent que vous connaissez mon plan, voulez-vous m'accompagner à Patras, où mon père tient sa cour? » Mon aïeul réfléchit un moment. — Si vous m'entraîniez dans un piège...., j'ai entendu dire que les Grecs étaient un peuple perfide.... — Je suis seul au milieu de vous ; ma tête répondra de ma sincérité. » Le ton calme et noble d'Emmanuel dissipa sans peine le léger mouvement d'inquiétude que l'étrange engagement contracté par ce prince avait fait naître dans l'esprit de mon aïeul ; et il regretta d'avoir conçu quelques soupçons.

Après quelques jours de repos, pendant lesquels le prince envoya un courier à son père, pour lui apprendre qu'il avait fait un traité avec le général des Francs, et qu'il le verrait bientôt à Patras avec lui, la petite armée se mit en marche. Elle traversa les belles contrées de la Phocide, côtoya les rives du golphe de Corynthe jusqu'aux ruines de ce temple fameux, où, dans les temps antiques, un puissant démon dont les païens firent un dieu sous le nom d'Apollon, rendit ses oracles mensongers, tant célébrés par d'aveugles adorateurs. Mon aïeul et le prince grec passèrent ensuite l'isthme étroit qui joint les principautés d'Achaïe et de Morée; et, après quelques jours de marche, ils aperçurent les murs de Patras.

Le prince fut surpris de ne trouver personne aux portes de la ville pour l'y recevoir; et le silence effrayant qui régnait de toutes parts, fit craindre aux Francs une trahison. En approchant davantage, ils distinguèrent un drapeau noir qui flottait sur les tours de la cathédrale; et bientôt après, une députation de moines et de prêtres, ayant l'évêque grec à leur tête, sortit par la porte de l'est, et s'avançant jusqu'aux guerriers; ils s'inclinèrent profondément. L'évêque, prenant la parole, dit d'un ton lugubre : « Illustre prince, votre père, le *Despote* d'Achaïe et de Morée, a rendu le dernier soupir, il y a deux heures, dans son palais de Patras ! »

» Je suis obligée, ma fille, de m'étendre sur ces détails pour vous faire mieux connaître l'origine du rang suprême que je réclame, et auquel vous aurez droit après moi.

» Le prince d'Achaïe pleura son père, et le fit déposer dans le caveau de sa famille, avec la pompe la plus solennelle. Toute la cour prit de longs habits de deuil, et mon aïeul ne négligea pas cette marque de déférence à la douleur générale, dans la pensée de plaire à la princesse Anna-Angela. Un mois après la cérémonie funèbre, le prince convoqua une assemblée des nobles, du clergé et du peuple, dans la place publique. Il monta sur le trône qui lui avait été préparé, et fit connaître à ses sujets le dessein qu'il avait formé de renoncer aux soins du gouvernement, pour passer ses jours dans la retraite, au sein de l'étude et de la philosophie. Il ôta ensuite le diadême de dessus sa tête, et le posant sur celle de mon aïeul, il le déclara son héritier et son successeur aux principautés d'Achaïe et de Morée. Cette proclamation fut reçue avec un mélange de joie et de murmures, et plusieurs voix s'élevèrent pour demander « la princesse Angela, la fille de leur *Despote.* » Elle parut alors, et monta les degrés du trône, pour se faire voir au peuple. Le prince son frère prit sa main, et lui dit avec affection : « Ma sœur, consentez-vous à donner votre main et vos droits à ma couronne à ce noble chevalier qui prétend à l'honneur d'être votre époux ? » La princesse s'inclina, pour toute réponse ; et son frère, joignant sa main à celle de mon aïeul, prononça d'une voix ferme et sonore ces mots : « Que les hommes ne séparent jamais ce que Dieu a uni ! » Les acclamations du peuple redoublèrent, et l'assemblée se dispersa.

» Un acte authentique de résignation fut dressé ; le mariage se fit avec beaucoup de pompe dans l'église cathédrale de Patras ; mon aïeul y fut revêtu des marques de la souveraineté, et le serment de fidélité fut prêté par les grands et les députés du peuple. Le clergé fit d'abord quelque résistance ; il craignait que la religion ne fût compromise ; mais mon aïeul, conjointement avec le prince, trouva moyen de le rassurer, et, trois mois après la mort du *Despote*, le nouveau prince se vit tranquille possesseur de ses états, par un moyen et des titres plus sûrs que la patente de l'empereur Baudouin, qui ne parut jamais, mais qui fut conservée comme une curiosité!

» Le prince Emmanuel se sépara de sa sœur et de l'époux qu'il lui avait donné, après avoir été, pendant un mois, témoin de leur bonheur à Patras. Suivi d'amis choisis et de serviteurs dévoués, il traversa la Morée, et vint s'établir dans l'île de Cérigo (autrefois l'île de Cythère), dont il s'était réservé la possession.

» Deux fils furent les seuls fruits de l'union de mon aïeul avec la princesse Angela. L'aîné, nommé Guillaume, fut mon bon, mon respectable père; le second a été un oncle perfide et cruel. Vous connaîtrez bientôt la série de malheurs dont il fut la seule cause, et qui ne justifient que trop ces titres odieux.

» Les liens du sang et de l'affection qui unissaient Emmanuel et mon aïeul, ne furent point relâchés par leur séparation : une fois par an le prince visitait la cour de sa sœur, et un été se passait rarement sans que sa visite lui fût rendue dans les belles retraites de Cérigo.

» Malgré son goût dominant pour l'étude et la retraite, Emmanuel n'avait pas un cœur inaccessible à de plus doux sentimens. Une année entière passée dans l'isolement lui prouva qu'il ne pouvait pas être heureux sans une aimable compagne, dont la douce société le délasserait de ses travaux ; et, dans une de ses excursions à Patras, il rechercha et obtint une jeune personne dont le rang et la fortune n'avaient rien d'indigne de lui. Elle donna successivement le jour à deux filles, Irène et Zoé, gages de leur affection mutuelle.

Les communications entre les deux familles étaient si fréquentes et si familières, qu'il n'est pas étonnant que long-temps avant l'âge, les jeunes cœurs de mon père et de mon oncle eussent fait un choix. Mon père appelait Irène sa petite femme, et Zoé devint la compagne favorite de mon oncle dans tous ses jeux. On encourageait ces naissantes affections, qui faisaient espérer des alliances désirées des deux parts.

» Pendant l'espace de dix années, tout fut paix, harmonie et bonheur dans les états de mon aïeul. Sous l'influence douce et puissante de sa femme, qu'il aimait avec passion, il perdit cette rudesse d'un soldat, qu'il avait acquise dans les camps, et fit ses délices de la vie domestique; son ambition se concentra tout entière dans la félicité de ceux qui l'entouraient.

» Emmanuel s'était aussi départi de la sévérité de sa retraite pour plaire à la vive et légère Eudoxie; la société la mieux choisie était reçue et fêtée dans l'île, où tout contribuait à la retenir; l'aménité des hôtes et la beauté des ombrages.

» Les événemens qui changèrent ces jours de bonheur en scènes de désespoir se succédèrent avec rapidité : le premier fut la mort prématurée d'Eudoxie; et une année eut à peine apporté quelque adoucissement à la douleur d'Emmanuel, que sa blessure se rouvrit et saigna de nouveau sur le lit funèbre où sa sœur expirait.

L'affliction ne laissait pas de profondes traces dans l'esprit de mon aïeul : les habitudes de sa première jeunesse se présentèrent à son imagination avec d'autant plus de force, qu'elles avaient été long-temps comprimées; et recherchant de nouveau les camps, le fracas des armes, les plaisirs des tournois et les dangers des batailles, il oublia combien il avait dû de bonheur à la mère de ses enfans. Le sensible Emmanuel éprouvait au contraire un vide affreux, contre lequel l'étude de ses livres chéris était un secours insuffisant. La tâche qu'il s'était imposée de veiller à l'éducation de ses neveux comme à celle de ses filles, rendait encore ce vide cruel plus présent à sa pensée. Ainsi, entouré de ceux qui lui rappelaient davantage les pertes qu'il avait faites, il en conserva le regret amer pendant plusieurs années. Le temps parvint néanmoins à le modérer, à mesure que d'anciennes habitudes reprenaient leurs droits sur son esprit, ainsi que l'avait éprouvé plus promptement mon aïeul; son retour à l'étude fut marqué par un relâchement progressif dans les devoirs qu'il avait contractés envers les objets de son affection, devoirs dont l'accomplissement devenait chaque jour plus nécessaire à de malheureux orphelins privés des soins maternels.

Mon père et la douce Irène portaient dans leurs cœurs les semences de chaque vertu: l'amour, la bonté, l'indulgence, étaient peintes sur leurs belles physionomies; mais une sorte d'indolence naturelle, qu'une éducation active aurait pu faire disparaître, augmenta en eux avec l'âge, et les rendit trop disposés à céder à la volonté de ceux que le sort n'avait pas fait leurs égaux.

» On prit le caractère violent et impérieux de Philippe pour de l'énergie, pour un noble orgueil digne de sa naissance; l'attachement qu'il montrait pour la jeune Zoé prenait chaque jour de nouvelles forces, et devint la source des infortunes de ma triste famille. Femme implacable! comment tracerai-je ton odieux portrait?.... Mais, ma fille, dispensez-moi d'une si pénible tâche, la suite de mon récit vous fera connaître son affreux caractère.

» Les deux frères avaient presque atteint leur majorité dans les belles retraites de Cérigo, quand ils apprirent que les entreprises guerrières auxquelles leur père se livrait sans relâche depuis quelques années venaient d'être terminées par sa mort soudaine, et que les citoyens de Patras attendaient le légitime héritier avec impatience.

» Le prince Emmanuel sentit alors revivre toute son ancienne amitié pour son libérateur, pour l'époux de sa sœur chérie; et, comme une dernière preuve d'affection, il se décida à quitter Cérigo pour suivre son élève à la cour, afin de continuer à veiller sur lui jusqu'à ce qu'il fût parvenu à l'âge où il devait recevoir l'ordre de chevalerie et l'investiture de tous ses droits.

» Il partit donc avec ses filles, ses neveux et une suite peu nombreuse des principaux officiers de sa maison. Le jeune prince fut reçu à sa descente du vaisseau par une députation de la noblesse et du peuple, qui l'accompagna jusqu'au palais des princes.

d'Achaïe. Le lendemain, mon père reçut les félicitations des grands de sa cour et du clergé. Le palais de Patras devint de nouveau le théâtre des fêtes et des plaisirs. Les filles d'Emmanuel partageaient, avec des dispositions bien différentes, l'ivresse générale de ces scènes du monde, si neuves pour elles; l'âme tendre et devouée de la sensible Irène ne s'occupait que d'un seul objet, le compagnon de son enfance, l'ami de son cœur, son cher Guillaume. Tandis qu'elle soupirait, et craignait en secret que le changement de leurs positions n'en produisît dans les sentimens de mon père, sa sœur formait des projets d'ambition, sans s'inquiéter qu'ils dussent détruire à jamais le repos de deux cœurs. La turbulence de son jeune cousin avait, à la vérité, obtenu d'elle une préférence marquée jusqu'à ce jour; mais l'éclat d'un diadême éblouit sa vanité, et il s'ensuivit un changement subit dans ses désirs et dans sa conduite. A peine arrivée à Patras, elle négligea l'ancien compagnon de ses jeux, et dirigea toutes les attaques de la ruse et de la coquetterie vers le cœur du prince d'Achaïe. Sa vanité lui persuada bientôt qu'elle y régnait en souveraine. Elle fit ensorte qu'Irène fût instruite de ce prétendu succès. En même temps elle fit naître par ses artifices, dans l'âme arrogante et jalouse de Philippe, une haine mortelle contre son frère, dont les actes répétés d'affection et de générosité ne firent que donner plus de force à cet odieux sentiment.

» Mon père parvint à l'âge de la majorité : il reçut l'ordre de chevalerie, et le même jour le prince

Emmanuel résigna son emploi de gouverneur.

» Se trouvant seul avec ses enfans, et après que mon père l'eut remercié de ses soins avec toute l'effusion d'un cœur reconnaissant, il leur parla en ces termes :

« Mes enfans, je suis maintenant avancé en âge, et la fuite du temps ajoute au goût que j'ai toujours eu pour l'étude et la retraite; les tranquilles ombrages de Cérigo et l'attachement du peu d'amis qui se sont liés à mon sort, me paraissent préférables au tourbillon du monde. J'ai voulu pour un temps me priver de mon obscurité; les motifs qui m'y ont déterminé n'existent plus. C'est à votre prudence et à vos vertus, mon cher Guillaume, que je confie le maintien de votre propre dignité, et le bonheur de ceux dont je vais me séparer. Vous êtes tous d'âge à être unis, selon que vos familles l'ont prévu et désiré. J'ai vu avec plaisir que vos affections avaient pris depuis deux ans une autre direction, et que l'aîné de mes neveux avait fait choix de ma Zoé, dont la vivacité animera les entreprises dignes de son rang, tandis qu'elle sera retenue dans de justes bornes par la douce autorité de son souverain et de son époux. Les passions impétueuses de Philippe seront au contraire modérées par la douce et tendre Irène; et s'il pouvait oublier, dans la familiarité fraternelle, le respect dû au prince, les conseils de ma fille le ramèneraient dans le chemin du véritable honneur.

» J'ai une demande à vous adresser, mon cher Philippe; ne me laissez pas retourner dans ma retraite sans un seul des objets si chers dont je me sépare aujourdhui ; que je m'accoutume par degrés à la perte de tout ce que j'aime. La tendresse d'Irène pour un père qui la chérit ne lui permettra pas d'hésiter. Un an m'aura réconcilié avec ma solitude, et dans un an, Philippe, comme son frère, sera armé chevalier. Rendez donc mon bonheur complet avant que je vous quitte; que je serre moi-même les nœuds qui vont unir le prince d'Achaïe à Zoé, et qu'Irène promette à son amant qu'elle sera son épouse aussitôt qu'il sera chevalier. »

» Il est inutile de dire combien ce discours étonna les assistans; Zoé seule savait la cause qui y avait donné lieu. Philippe avait changé plusieurs fois de couleur, et se contenait à peine. La douce Irène laissa tomber sa tête sur sa poitrine, pour cacher ses larmes à la confirmation de ce qu'elle redoutait. Mon père resta immobile de surprise; car il était le seul qui n'eût jamais eu la moindre idée d'une erreur aussi étrange. Ce fut lui, cependant, qui le premier retrouva la faculté de s'exprimer, et il le fit d'une manière si peu équivoque, que la jolie tête d'Irène se releva, et que la joie la plus vive anima tous ses traits, tandis que la colère et la confusion se peignaient tour-à-tour sur le visage de *Zoé*.

« Si vous ne pouvez vous en séparer encore, continua Guillaume en prenant la main tremblante de l'heureuse Irène, je consens à ce qu'elle vous suive; je ne puis me refuser à votre prière, moi qui sens si bien tout le bonheur que donne sa présence; je vous en fais le sacrifice momentané.

Mais ne cherchez pas, par des propositions que je rejette, à me faire renoncer à une passion à laquelle tient mon existence. Irène est à moi par tous les liens que les hommes respectent et que le ciel approuve; et si je la cède pour un temps à son père, afin qu'elle adoucisse la peine que vous éprouvez à quitter vos autres enfans, ne croyez pas que j'abandonne des droits dont la mort seule pourrait me priver, ou que j'adresse jamais à une autre des vœux qui n'appartiennent qu'à elle, à elle seule. »

» Le prince de Cérigo, détrompé, consentit au nouvel arrangement, et déclara qu'il ne mettait aucun obstacle à l'union immédiate de mon père et de l'objet de ses affections; mais la tendre et soumise Irène obtint de son amant, non sans de vives sollicitations, le retard de leur mariage, afin qu'elle pût accompagner son père, comme il l'avait désiré. Pourquoi sa prière n'a-t-elle pas été rejetée! on n'aurait pas suscité ces doutes cruels d'illégitimité qui environnèrent mon berceau, et qui me privent de l'héritage de mes pères! un oncle perfide n'aurait pas commis des crimes qui n'eussent pu servir son ambition! j'aurais encore mon père; et toi, infortuné roi de Thessalie, tu vivrais heureux de l'amour pur et constant de celle qui eut toutes tes affections pendant ton passage sur la terre!

» La vindicative Zoé, frustrée de l'objet de ses ardens désirs, forma des projets de vengeance, et peut-être pensa-t-elle à celui qui devait lui assurer un jour le bien qu'elle voyait alors lui échapper. Il lui fut aisé de diriger la rage de Philippe tout entière contre son frère, à force de sermens, de mensonges et de noirceurs. Philippe, guidé par l'aveugle passion de la haine, se persuada facilement que Zoé n'avait eu aucune part à l'injure qu'il croyait avoir reçue; et pour mieux le lui prouver, elle consentit à l'épouser ce jour-là même.

» Après la célébration de ce fatal mariage dans la cathédrale de Patras, le prince Emmanuel partit avec la belle et vertueuse Irène.

» Mon père, pour se distraire et abréger les longues heures de la séparation, se livra à tous les soins du gouvernement. Mon oncle paraissait avoir oublié tout ressentiment de ce qui s'était passé, et le bonheur dont il semblait jouir avec Zoé, était ressenti par le cœur honnête et bienveillant de son frère.

» Néanmoins l'hiver passa pesamment. Le retour du printemps donna l'occasion à mon père d'aller visiter secrètement l'aimable Irène. Il partit sous le prétexte d'un voyage dans ses états; son frère et Zoé l'accompagnèrent. Il traversa les plaines fertiles de l'Elide et les routes montagneuses de la Messénie. A son arrivée à Coron, il fit part de son projet à Philippe, le chargea de l'administration de l'état pendant son absence, et, suivi de quelques personnes sûres, il fit voile pour l'île heureuse de Cérigo.

» Je ne vous peindrai pas les transports qui éclatèrent à cette première entrevue, ni les délices qui retinrent mon père plus long-temps qu'il ne l'avait projeté; qu'il vous suffise de savoir qu'avant son départ, la violence de son amour, et des craintes qu'il n'osait s'avouer d'une séparation éternelle ou d'une attente sans fin, obtinrent d'Irène un fatal consentement, donné presque malgré elle, à un mariage secret; car ils savaient bien que leur père ne pouvait approuver un mariage qui n'aurait pas la pompe et la solennité d'usage, et que, d'un autre côté, le peuple de Patras ne donnerait pas son assentiment à ce que leur princesse les quittât aussitôt après avoir acquis des droits à leur amour.

» Le consentement d'Irène inspira à mon père une joie aussi vive qu'elle fut passagère : il oublia, dans les plus doux transports d'un amour vertueux, les devoirs qui le rappelaient à Patras; et pendant son absence, qui dura plusieurs mois, son frère, aussi perfide qu'ambitieux, employa tous les moyens de s'assurer l'appui des grands et l'affection du peuple. Le prince d'Achaïe s'arracha enfin aux chaînes qui l'avaient retenu si long-temps, et revint dans sa capitale, trop tard pour prévenir les funestes effets de sa confiance.

» Mais ces effets ne se manifestèrent pas à son retour; le mal minait sourdement, et l'explosion ne devait avoir lieu que plusieurs années après. Jusque-là, la tranquillité et une confiance apparente continuèrent à régner entre les deux frères.

» Peu de mois après cependant, une nouvelle accablante vint déchirer le cœur de mon père. Un second hiver s'était écoulé, et la princesse d'Achaïe allait être rendue à son époux; hélas! le vaisseau qu'elle devait monter, n'apporta que la fatale nouvelle d'une séparation éternelle! je suis le seul gage de cette déplorable union, et ma naissance causa la mort de ma mère!

» Mon père se rendit à l'île de Cérigo, il embrassa le corps pâle et défiguré de celle qui lui avait fait goûter tout ce qu'il imaginait de bonheur sur la terre, et quand il fallut s'en séparer, il eût voulu qu'un seul tombeau pût réunir la vie et la mort.

» Dans sa profonde affliction, cependant, il ressentit quelque consolation de l'indulgente sympathie d'un père. Emmanuel avait appris depuis peu l'union secrète de sa fille, et il avait pardonné une imprudence dont il ne prévit pas alors les suites; l'unique désir qu'il exprima fut de rester seul dans sa retraite; qu'il ne subsistât aucune relation qui pût désormais le détourner de la contemplation des mystères de la nature, et le ramener au souvenir d'un bonheur éteint pour jamais. Il dit un éternel adieu à mon malheureux père, et, me mettant sous sa protection, demanda ardemment au ciel que je ressemblasse à ma mère, et que je fusse plus heureuse.

» Mon père, de retour dans sa capitale, déclara son mariage, en produisant la seule preuve qu'il fût en son pouvoir de donner (l'attestation du prince de Cérigo), et fit élever un monument somptueux à la mémoire de la princesse d'Achaïe. Il assembla les grands et le clergé, et me fit reconnaître pour sa légitime héritière présomptive; car il avait fait vœu dans son cœur de ne pas former de nouveaux liens, et de ne jamais diviser l'héritage qu'il me réservait.

» Les aventures de mes ancêtres m'ont long-temps occupée; elles sont tellement liées aux miennes, qu'il était nécessaire que vous en eussiez une entière connaissance. Je vais à présent, ma fille, vous apprendre ma triste histoire.

CHAPITRE VIII.

» Mon enfance s'écoula de la manière la plus heureuse. Avant que j'eusse atteint votre âge, je n'avais connu que des émotions douces. Mon père, qui m'aimait à l'exclusion de tout autre objet, ne négligeait rien pour mon bonheur et mon éducation : la musique, la poésie, la danse, occupaient mes loisirs; également habile dans la langue grecque et dans celle de mon aïeul paternel, j'étais regardée comme un prodige par les courtisans; mais les sages conseils de mon père m'avaient appris à apprécier à leur juste valeur les qualités de l'esprit, comparées à celles de l'âme, et l'encens dont les flatteurs m'environnaient ne parvenait pas à m'éblouir.

» Caliste, fille unique de Philippe et de Zoé, était ma compagne dans ces exercices; mais elle avait quelques années de moins que moi, et elle me regardait plutôt comme un censeur que comme une amie. Cependant je lui étais sincèrement attachée, malgré l'impression contraire que la perfidie et l'ambition avaient cherché à lui donner. Naturellement sincère, mais légère et capricieuse, elle était capable de zèle et d'amitié; mais ces dispositions duraient peu, et elle était si indiscrète, qu'on ne pouvait lui marquer aucune confiance.

» Je ne vis d'abord que le beau côté de son caractère : j'admirais ses talens, j'aimais sa franchise, et je me sentais pour elle toute l'amitié d'une sœur aînée.

» Les jours, les mois, les années, se succédèrent dans une paisible et heureuse monotonie. Le premier événement de ma vie fut aussi celui sur lequel tous les autres ont tourné comme sur un pivot. Il a été la source de tous mes malheurs, il est encore aussi la source de mes plus douces consolations et de ma profonde affliction.

» Un tournoi fut proclamé à la cour de mon père. Des chevaliers, des princes de toutes les parties de la Grèce et de l'Italie, l'illustrèrent par leurs exploits et leur galanterie. On distingua parmi eux Rayner, roi de Thessalie, petit-fils du marquis du Montferrat, qui avait suivi le comte de Flandres à la conquête du trône de Constantinople.

» Je n'essaierai pas de vous dépeindre sa personne : en présentant à votre imagination tout ce qui est noble et beau, en vous disant qu'il ressemble d'une manière frappante à Louis de Bourgogne, j'aurai fait son portrait. Quand je vis le comte à Bruxelles, je crus voir Rayner avant qu'il ne fût défiguré par le poignard des assassins; le même Rayner que vingt-quatre ans auparavant j'avais vu à Patras plein de jeunesse et d'espérance, et comptant sur une longue carrière de gloire et de renommée. Cette apparition extraordinaire produisit sur moi une émotion violente que je ne pus surmonter. Quand je le revis au château de Lowestein, cette étrange ressemblance ne perdit pas sa force pour n'être plus nouvelle, et l'impression en reste dans mon cœur, et me poursuit dans mon sommeil.

» Après un mûr examen, pourtant, j'ai reconnu quelques légères différences : le roi de Thessalie avait plus de majesté, son maintien était plus fier, les grâces de sa personne... »

— « Vous devez vous rappeler, interrompit Mathilde (et c'était la première interruption qu'elle se permettait au récit de sa mère), que le comte de Bourgogne, quand nous l'avons vu au château de Lowestein, était blessé et souffrant, et qu'il n'était pas entièrement rétabli quand il nous a quittées. »

La comtesse sourit à cette observation de sa fille; et, sans pousser plus loin sa comparaison, elle continua en ces termes :

» Le roi de Thessalie s'appuya d'un

degré de parenté éloigné, et de l'ancienne amitié de son aïeul et du mien, pour s'introduire plus avant dans la familiarité du prince d'Achaïe, et quelques jours qu'il passa ainsi, en attendant l'ouverture du tournoi, établit entre nous la douce intimité qui unit un frère à sa sœur. Cette courte résidence lui fit découvrir ce que l'amitié fraternelle de mon père et mon inexpérience nous avaient empêchés de remarquer, l'indomptable ambition et les sourdes intrigues de mon oncle et de l'hypocrite Zoé. Il fit part de ses soupçons à mon père, qui oublia trop tôt les précautions auxquelles ils devaient donner lieu; il me recommanda également de me méfier des caresses de ces perfides parens, et de ne pas accorder trop de confiance à la frivole Caliste. Je reçus cet avis avec reconnaissance, mais je négligeai bientôt de m'y conformer, et je repris les habitudes de mon enfance.

» Le roi de Thessalie n'avait que deux ans de plus que moi; les mêmes talens, les mêmes goûts, nous rapprochaient chaque jour davantage. Il était le seul des chevaliers qui fût sensible aux charmes des poètes grecs, et qui sût allier à leur brûlant enthousiasme les images douces et riantes des troubadours. Les amoureuses rêveries des poètes changèrent notre amitié en un sentiment plus tendre; mais l'état de mon cœur ne me fut bien connu que le jour du tournoi.

» Rayner avait fait vœu de soutenir en mon honneur, le combat contre tous ceux qui se présenteraient. Une brillante écharpe richement brodée, et que j'avais attachée moi-même autour de son bras, devint pour lui le gage de la victoire.

» Vous pouvez, d'après vos propres émotions, vous faire une idée des miennes dans cette occasion. J'interrogeai mon cœur, et je ne doutai plus de la force et de la durée de la passion qui l'avait subjugué. La victoire couronna l'invincible Rayner dans tous les combats, et sa gloire fut malheureusement comblée par la défaite de mon oncle Philippe.

» J'ai découvert depuis le motif qui l'avait engagé à se mettre au nombre des combattans, malgré les lois établies. A ma mort, il devait hériter de la principauté d'Achaïe. Il avait appris par sa fille et ses propres observations, long-temps avant que je le susse moi-même, la passion qui me dominait, et il ne doutait point qu'elle ne fût partagée. L'espoir que mon père n'approuverait pas notre amour devait s'évanouir ou se fortifier ce jour-là même; car il avait souvent entendu son frère déclarer qu'un prince d'une bravoure à toute épreuve et d'un mérite supérieur, lui paraîtrait seul digne de sa fille. Mon oncle avait donc attendu avec anxiété l'issue de chaque combat, à pied ou à cheval, et, à son extrême *désappointement*, Rayner avait toujours été victorieux. Dans sa colère de tant de succès, il hasarda un dernier effort pour ternir les lauriers du détesté Rayner. Il fut renversé, et de ce moment, chaque furie de l'enfer s'empara de son âme : Zoé, la plus implacable de toutes, partagea la haine de son époux : et la ruine de son frère, de Rayner et la mienne, devint le secret, mais constant objet de ses pensées.

» Ce qui suivit dut augmenter encore sa jalouse haine : mon père descendit de son trône, embrassa le jeune vainqueur avec une vive amitié ; puis, se tournant vers Philippe, il lui reprocha doucement, mais avec dignité, sa conduite peu chevaleresque, comme ayant pris part à des combats dont il ne devait être que spectateur, et conclut en lui disant que sa défaite en était le juste châtiment. Le vainqueur, avec toute la courtoisie de la véritable noblesse, tendit la main à son adversaire, et lui offrit son amitié; mais mon oncle rejeta son offre avec dédain, et s'éloigna, suivi de Zoé.

» Le roi déposa ses lauriers à mes

pieds; il semblait ne les avoir remportés que pour moi.

» Cependant le temps s'écoulait, et il ne parlait pas de quitter un lieu où l'amour le retenait par les plus douces chaînes. Cet amour ne fut plus un secret; il me le déclara ouvertement, et j'en reçus l'assurance avec un plaisir que je ne cherchai pas à dissimuler. Nos vœux furent couronnés par l'approbation de mon père; et quoique les lois de la chevalerie exigeassent quelques épreuves avant que le roi de Thessalie pût recevoir ma main, nous conçûmes l'espoir que le terme pourrait en être abrégé par la valeur et la vertu.

» Tels étaient les progrès de nos sentimens et de nos espérances, quand j'attachai une écharpe blanche, signe de l'amour, à la plus haute tour du palais de mon père, et que, les yeux fixés sur mon noble amant, je le vis s'éloigner du rivage sur le vaisseau qui l'arrachait à mes vœux. Hélas! quand je distinguai son dernier adieu, comment un pressentiment ne me disait-il pas que cet adieu devait être éternel? la jeunesse, l'espérance et le bonheur alors étaient à moi..... et je devais sitôt tout perdre pour jamais!

» Parmi les compagnons d'armes du comte de Flandres, Jean de Brienne avait tenu un rang distingué, et il avait obtenu, en récompense de ses loyaux services, le duché d'Athènes. L'intérêt politique et l'amitié ayant toujours uni nos deux familles, mon père avait été nommé tuteur et protecteur du fils du duc d'Athènes, le jeune Walter, qui était en France lorsque son père mourut.

» Aussitôt après le départ du roi de Thessalie, les noirs projets de mon oncle commencèrent à se développer. Par une suite d'intrigues et de relations secrètes, ménagées depuis long-temps, il parvint à faire descendre sur les côtes de l'Attique un fort parti de pirates génois, qui ravagèrent le beau patrimoine du jeune de Brienne. Fidèle à ses engagemens, mon père se prépara à défendre les possessions de son allié, et il partit, accompagné de son frère, dont il ne soupçonnait pas la perfidie, et d'un corps de cinq cents lances. Il m'embrassa en me quittant, et m'exprima la joie qu'il aurait à me revoir et à serrer les nœuds qui devaient m'unir au roi de Thessalie.... Hélas! je ne devais revoir aucun de ces objets si chers!

L'infâme Zoé, complice et instigatrice des crimes de son mari, resta avec moi dans le palais de mon père, et sa conduite me fit concevoir les premières craintes sérieuses des calamités qui me menaçaient. Jusqu'à ce jour, elle avait au moins dissimulé avec moi; bientôt elle jeta le masque de l'hypocrisie, passa de la négligence au dédain, du dédain aux reproches et à la calomnie. J'aurais pu mépriser et supporter son insolence; mais mon cœur fut froissé de la froideur de Caliste. Elle évitait toujours de se trouver avec moi, et si le hasard nous rapprochait, elle répondait à mes avances avec un air insultant. Un jour, je l'arrêtai par le bras, et, lui demandant d'où venait ce changement dans sa conduite envers moi, je lui reprochai avec chaleur son ingratitude. Sa réponse fut courte, mais elle éveilla dans mon cœur toutes les misères du doute, du soupçon et de la terreur. « Je ne dois aucune reconnaissance à un enfant *illégitime*, à une *usurpatrice*. »

» Ces mots résonnèrent long-temps à mon oreille sans que je pusse leur donner une signification : frappée d'horreur, je n'eus pas la force d'en demander l'explication : j'appris bientôt l'étendue de mon malheur.

» J'étais trop occupée de cet étrange discours et de mille autres pensées, pour remarquer une circonstance qui eût pu m'éclairer. La nombreuse cour dont j'étais ordinairement entourée quand je sortais de mon appartement, avait disparu, et s'inclinait devant une rivale ; la foule se portait au *lever* de Zoé et de sa fille ;

tous semblaient s'éloigner de moi, à l'exception de quelques serviteurs fidèles et reconnaissans, qui voyaient avec tristesse ce changement, auquel je faisais peu d'attention.

» Un coup de foudre vint me tirer de l'état de stupeur où j'étais plongée: un courier arriva à Patras avec la sinistre nouvelle que mon père était tombé dans une embuscade, et avait péri en combattant les pirates. Il ajoutait que mon oncle, après avoir vengé la mort de son frère, allait reprendre la route de l'Achaïe. Ce message, si terrible pour moi, ne me parvint pas directement; Zoé en fut la première informée, et plusieurs heures s'étaient écoulées, quand un fidèle intendant de mon père, me croyant instruite de cette fatale nouvelle, et venant mêler ses larmes aux miennes, m'apprit la perte affreuse que je ne soupçonnais pas.

» Je m'étonne encore d'avoir eu la force de résister à ma douleur. Le bon intendant laissa d'abord un libre cours à mes larmes et à mes gémissemens ; puis il me fit entrevoir les conséquences immédiates qu'amènerait ce funeste événement. Il me dit que l'évêque de Patras, la noblesse d'Achaïe et les officiers de la maison de mon père avaient été séduits par les artifices de Zoé; qu'une horrible histoire avait circulé, et qu'elle avait été crue facilement par le peuple; qu'on répandait que le prince d'Achaïe, lorsqu'il avait ordonné de me prêter le serment de fidélité, en avait imposé en faisant passer pour sa fille légitime, un enfant né hors des liens du mariage; qu'ainsi les sermens prêtés étaient nuls, comme ayant été obtenus par la fraude, et que le peuple en était dégagé.

» Je conçus aussitôt toute mon infortune. Je savais que l'imprudent mariage de mon père avait été contracté de manière qu'il était plus que difficile d'en donner une preuve légale : il avait pris le seul moyen de me mettre à l'abri de soupçons injurieux, en faisant prêter le serment de fidélité à sa fille encore au berceau; mais il n'avait pas prévu la perfidie d'un frère, la cruauté d'une sœur, et la conduite impie d'un évêque, qui pouvait relever les peuples de leurs sermens, les rassurer contre le parjure et les exciter à la révolte.

» L'intendant, pénétré des dangers qui m'entouraient, et moins absorbé par tant de calamités, me suggéra le seul remède en mon pouvoir. «Vous êtes encore libre, me dit-il;

bientôt, peut-être, vous serez prisonnière; et Dieu sait jusqu'où la haine et l'ambition pourront porter vos ennemis. Une galère doit mettre demain à la voile pour l'île de Cérigo; si vous écoutez mes conseils, faites, en toute hâte, vos préparatifs de départ. Je reviendrai vers la nuit, je vous conduirai à bord, et je serai le guide et le compagnon de votre voyage. Votre aïeul prendra votre défense; au moins il vous donnera un asile, et vous y serez protégée.»

«Ma position n'admettait pas de délai; je ne voyais que malheurs dans la capitale des états de mon père; je consentis à suivre l'avis de l'intendant; je me séparai de lui en versant des larmes de reconnaissance, et il s'engagea de nouveau à revenir avant la nuit.

» Une nouvelle circonstance me

fit changer de détermination une heure après son départ : un courier avait eu l'adresse d'arriver jusqu'à mon appartement, et il me remit un billet que j'ouvris avec la plus vive émotion ; j'y lus ce qui suit :

Rayner à sa bien-aimée Isabelle.

« J'arrive à l'instant de Cérigo, et j'apprends le douloureux événement qui vous prive d'un père, et moi d'un ami bien cher. Qu'allez-vous devenir à Patras ?.... je l'ignore.... mais j'ai de vives craintes.... veuille le ciel qu'elles ne soient que les trompeuses terreurs de l'amour !... Quand vous recevrez ce billet, je ne serai qu'à une journée de Patras. J'attendrai le retour de mon courier, et j'irai mêler mes larmes aux vôtres sur la perte que nous avons faite, si vous m'accordez ce doux et triste privilège. »

« Je lus ce billet plusieurs fois avant que l'agitation qui s'empara de mon cœur me permît de croire à l'évidence de ce que je voyais. Il m'était si doux de retrouver un ami dans l'état d'abandon où j'étais! Je renvoyai sur-le-champ le messager avec une réponse verbale exprimant l'ardent désir de voir le roi de Thessalie, et de me concerter avec lui.

» J'envoyai aussi prévenir l'honnête intendant qu'une circonstance impérieuse m'empêchait de quitter la ville la nuit suivante.

» Je passai le lendemain dans l'attente la plus pénible; non que je pusse raisonnablement attendre Rayner aussitôt, mais parce que je redoutais à chaque instant une nouvelle calamité.

» Zoé, pour la première fois depuis le départ de mon père, vint me voir, et m'apprit que mon oncle ferait son entrée solennelle le jour suivant dans Patras; qu'il amenait avec lui les restes de mon père, et que les funérailles seraient célébrées dans l'église cathédrale; elle ajouta qu'aussitôt après, Philippe serait déclaré protecteur. Avec une insolence mal déguisée sous un air de respect, elle me dit que ma présence serait nécessaire, au moins à la dernière de ces cérémonies, et que ma douleur d'une perte aussi récente serait mon excuse pour ne pas paraître aux funérailles.

» Préparée, comme je l'étais, à tous les genres de souffrances, je ne pus néanmoins m'empêcher de ressentir vivement la manière sèche et insultante dont on m'instruisait de ce qui devait le plus m'intéresser. Je ne répondis rien, mais je me levai ; et, d'un geste de la main, je fis connaître à cette femme perfide que je voulais être seule. Elle entendit ce langage, et elle sortit en me jetant un regard de triomphe. L'excès de la douleur et l'abondance des larmes que je versai, me réduisirent à un extrême abattement, et je m'endormis d'un profond et pesant sommeil. Je fus réveillée le matin par le son funèbre des cloches de la cathédrale. L'intendant vint m'apprendre que mon oncle était arrivé avec une suite nombreuse, et qu'il avait été reçu au milieu des acclamations unanimes du peuple, qui exaltait sa victoire.

» Pendant les solennités de ce jour, on parut m'avoir entièrement oubliée, et l'attente seule du roi de Thessalie me préserva du désespoir.

» Il existait un passage souterrain du palais à la cathédrale, et il communiquait, par une issue secrète, à mon appartement. Quand la nuit fut venue et que je jugeai la cérémonie funèbre terminée, je voulus satisfaire ma mélancolie, et remplir ce que je regardais comme un devoir sacré, en allant prier sur la tombe d'un père chéri. Je choisis une de mes femmes pour lui confier mon projet. Nous descendîmes ensemble sous le long passage voûté ; nous passâmes devant les portes de plusieurs célulles sans être aperçues que de quelques religieux qui ne me connaissaient pas, et qui ne s'inquiétèrent pas de mon dessein. Nous arrivâmes à la porte de l'église, elle était ouverte : les ombres de la nuit s'épaississaient, et le silence profond, qui n'était interrompu que par le bruit de nos pas, ajoutant une sorte de frayeur religieuse aux émotions dont j'étais saisie, me fit éprouver une sensation que je n'oublierai jamais. Une lampe solitaire brûlait à l'extrémité du chœur, dans une chapelle séparée, et indiquait la place où reposait le corps de mon père. Quelque désolantes que fussent mes pensées, la crainte ne s'y mêla point. Je voulais prier sur la tombe de mon père, je voulais être seule, et je dis à ma compagne de ne pas aller plus loin. Je m'approchai du monument funèbre, je tombai à genoux et je versai un déluge de larmes. J'embrassais le marbre glacé comme s'il eût dû me répondre; et, dans le délire de ma douleur, j'appelais celui que j'avais perdu comme s'il eût dû m'entendre.

» Cependant la religion calma insensiblement mon désespoir. Mon âme entière s'épancha dans la prière, et je me trouvai soulagée. Je fus tirée de cette rêverie, qui n'était pas sans charmes pour moi, par un murmure de voix éloignées qui se rapprochèrent par degrés. C'était le chant des morts; et je fus touchée de l'idée que mon père n'était pas encore oublié, et que sa mémoire était honorée par de fidèles sujets.

» Les portes s'ouvrirent, et je vis une procession de religieux et de prêtres qui s'avançaient lentement vers le lieu où j'étais, portant des torches et chantant des hymnes funéraires.

» J'allais me retirer, afin de ne pas

troubler la cérémonie, quand je vis la procession s'arrêter loin du tombeau de mon père, et former un cercle vers le milieu de l'église. J'entendis commençer l'office des morts. Je m'avançai doucement vers les religieux ; ma compagne m'aborda et me dit : « Quittons ces lieux, Madame, cette scène ne peut qu'être fatale à votre repos. On va mettre dans une tombe le corps d'un infortuné, assassiné la nuit dernière par des brigands, sur les bords de la mer : nous troublerons, en restant ici, la triste cérémonie. »

» Je ne suivis pas son conseil ; une force irrésistible me poussa en avant. La foule qui entourait le cercueil, voyant l'intérêt que j'y prenais, s'ouvrit pour me laisser passer. Je distinguai le corps, qui, suivant l'usage des Grecs, était posé dans une bierre ouverte pendant les prières. Un tremblement me saisit : d'une voix éteinte, j'ordonnai à l'assistant de lever le voile qui couvrait la figure.... c'était celle de Rayner !....

» Je ne vis ni n'entendis plus rien. Des convulsions successives, pendant cette funeste nuit et tout le jour suivant, me mirent au bord du tombeau, où tout ce que j'aimais était déjà descendu. Une fièvre brûlante et un affreux délire firent longtemps craindre pour mon existence ; et plusieurs semaines se passèrent avant que je fusse assez malheureuse pour connaître et sentir toute l'horreur de mon sort.

» Ma maladie facilita tous les projets de mon oncle : avant que je fusse rétablie, il avait été légalement reconnu par les états assemblés, comme souverain et prince d'Achaïe et de Morée ; j'avais été publiquement déclarée enfant illégitime ; le nom de ma mère était chargé d'imprécations, et la mémoire de mon père dévouée à l'infamie, pour avoir voulu frustrer son frère de son droit au trône, en donnant à ses sujets, pour souveraine, le fruit honteux d'une union criminelle.

» Prisonnière dans le palais de mon père, sans amis, sans protecteurs, environnée d'ennemis d'autant plus implacables qu'ils étaient plus coupables envers moi, ma situation devint affreuse. La mort semblait être mon seul moyen de délivrance, et pourtant, toute malheureuse que j'étais, son approche ajoutait à ma terreur. Je savais que les liens du sang et de l'humanité avaient peu de droits sur mes oppresseurs. Je savais que ma vie était entre leurs mains, qu'ils me haïssaient, et que leur politique pouvait seule différer ma mort.

» Dans cette extrémité, le généreux intendant dont j'avais rejeté les offres de services, dans l'attente d'un plus cher libérateur, vint de nouveau m'assurer de sa fidélité, et me proposer son secours. Entièrement occupés de leur projets d'ambition, confians dans leur habileté pour se maintenir sur le trône, et pleins de mépris pour une orpheline sans appui, mes ennemis négligeaient de me surveiller; je pus donc facilement m'échapper du palais par une porte secrète, et, guidée par le bon intendant, je m'embarquai sur un vaisseau qui mit aussitôt à la voile. Le vent était favorable; nous arrivâmes sans accident à l'un des ports de l'île de Cérigo.

» Avant de quitter Patras, je visitai encore une fois la tombe de mon père, et celle de mon cher Rayner, que je pensais avoir été victime de son amour pour moi. Une inscription était sur sa tombe : on y disait qu'il avait été assassiné par des brigands. Tandis que je considérais tristement cette dernière demeure, un religieux, qui était depuis long-temps en prières, et que je n'avais pas aperçu, me dit d'une voix basse : « Les brigands qui ont tué le roi de Thessalie sont dans le palais de Patras.... Madame, c'est un grand crime, et cette inscription est une imposture *non moins* criminelle. » Il se tut et crut peut-être en avoir trop dit ; car il me quitta brusquement, et je le perdis de vue dans l'obscurité.

» Cet incident confirma les soupçons qui s'étaient élevés dans mon esprit. Pendant la traversée, je prononçai le nom de Rayner, qui ne m'était pas encore échappé depuis la funeste catastrophe de sa mort. Je communiquai à l'intendant ce que j'avais appris, et il m'informa alors des circonstances de la mort du roi de Thessalie, telles que les racontait publiquement le peuple de Patras. Il avait laissé sa suite loin derrière lui le matin de ce fatal jour, et, accompagné seulement de deux ou trois officiers, il avait pris la route qui devait le conduire près de moi. Il la suivait avec toute l'ardeur et l'impatience de l'amour. Le jour suivant, son corps fut trouvé froid et sanglant sur le rivage, à une lieue de la ville. Aucuns brigands n'avaient été aperçus dans les environs; les officiers qui l'accompagnaient avaient disparu; toutes les recherches pour les retrouver avaient été infructueuses. On ne connaissait pas d'ennemis au roi de Thessalie, et on se disait tout bas que l'or du prince d'Achaïe avait payé la mort de celui qu'il craignait comme l'amant d'une nièce outragée, et comme le vengeur de ses droits. Philippe lui-même fortifia ces soupçons par l'extrême soin qu'il mit à répandre et à appuyer la fable, absolument dénuée de preuves, de l'assassinat de Rayner par des brigands.

» Ces soupçons n'étaient pas les seuls que les révélations de l'intendant fortifièrent ; les rapports parvenus à Patras de la guerre de l'Attique, différaient entre eux, et plusieurs avaient assuré que l'embuscade dans laquelle leur prince avait péri était composée d'ennemis domestiques.

» Le prince de Cérigo vivait encore, et sa vieillesse avait résisté au choc du temps et des infirmités. Son amour excessif pour l'étude, son air mystérieux et imposant, et sa science profonde, tant de contrastes avec les habitudes et le caractère de ceux qui l'entouraient, faisaient croire généralement qu'il s'occupait de magie. Cependant sa conduite envers eux attestait constamment l'humanité et la bienveillance qui le dirigeaient. Ses profondes et opiniâtres recherches des secrets de la nature lui avaient en effet acquis une science plus qu'humaine; mais la pureté de son âme se refusait aux œuvres de ténèbres; et l'influence des esprits célestes était la seule qu'il voulût invoquer.

» Il me reçut avec tendresse, et me traita comme une fille chérie. Il pleura la mort de mon père, elle lui rappelait le moment où il avait accompagné Irène à sa dernière demeure; la conduite lâche et cruelle de son autre fille lui perça le cœur. Je lui épargnai le récit des soupçons fondés qu'on m'avait fait concevoir, mais il parut les deviner, et en être profondément affecté.

» Dans les tranquilles solitudes de cette île délicieuse, je me livrai à mes réflexions, et elles ne m'apportèrent que des regrets déchirans. Mon amour pour l'infortuné Rayner avait été aussi tendre que pur et constant; mais je n'en avais reconnu la force, je n'avais compris à quel point il avait pris possession de tout mon être, et combien il était nécessaire à mon existence, qu'après l'affreuse séparation à laquelle j'étais condamnée. J'avais d'abord eu peine à m'avouer que le souvenir d'un père n'occupait que la seconde place dans mon cœur; mais le temps changea insensiblement le chagrin que me causait sa perte en une douce mélancolie, tandis que la mort cruelle de celui que j'avais regardé comme le *partner* de toutes mes espérances, avait abattu mon âme, et ne me laissait écouter aucune consolation. Les bois et les vallons de l'île étaient témoins de mes douleurs; et souvent assise sur la cime d'un rocher, les yeux élevés vers le ciel, j'ai cru voir mon amant à travers des nuages d'azur, ou brillant de lumière au milieu du firmament.

Le chagrin minait mon existence; mon aïeul s'en aperçut, et sa tendre pitié, ses questions empressées, m'engagèrent à lui ouvrir entièrement mon cœur. Vous ne pouvez concevoir, et je ne puis vous peindre les effets de ses consolations. Ils me furent bien précieux, non-seulement alors, mais dans tout le cours de ma vie; et le ciel pardonne sans doute à la faiblesse de sa créature, qui en recherche encore la douceur.

» Cette partie de mon histoire est un mystère inexplicable; je dois me taire ou perdre un de mes biens les plus chers. Peut-être, Mathilde, quand la main glacée de la mort s'appesantira sur moi, peut-être, quand tu recevras mon dernier soupir, cet étrange mystère sortira de ma bouche et te sera révélé. Tout alors sera expliqué; mais jusque là tout est obscurité et doit l'être pour le monde entier; et cette obscurité, ma fille, vous ne devez pas chercher à la pénétrer, si vous ne voulez détruire à jamais mon bonheur.

» Les secours inestimables du vénérable Emmanuel rendirent le calme à mon âme. L'île de Cérigo, embellie par la nature et l'art, la variété de ses bois, de ses rochers, de ses vallons, arrosés par de limpides ruisseaux et couverts de nombreux troupeaux, errans sur des prairies émaillées des plus vives couleurs, le chant des oiseaux, le murmure des eaux, qui bouillonnaient en se précipitant du haut des rochers, contribuèrent à ranimer en moi le sens du plaisir; et après tant d'infortunes, après des pertes irréparables, l'espoir murmurait à mon oreille que je pourrais encore être heureuse dans ce séjour enchanté, auprès de mon vénérable aïeul.

» Deux ans s'étaient écoulés, et mon illusion durait encore. Je m'aperçus alors que mon aïeul devenait chaque jour plus triste et plus pensif: il semblait lutter contre une terrible révélation qu'il voulait pourtant me faire. Je recherchai l'occasion qu'il évitait, je l'interrogeai, et voici sa réponse : « Mon enfant, vous n'êtes plus en sûreté dans cette île. Le mauvais gouvernement de votre oncle a soulevé le peuple contre lui. Votre nom a été prononcé ; on a plaint vos souffrances ; vos oppresseurs ont été menacés avec toute l'indignation que méritent leurs crimes. Les émissaires de Philippe sont partis ; le lieu de votre retraite sera bientôt connu. Je suis un vieillard faible et sans pouvoir, vous n'êtes plus en sûreté dans mon île..... »

» J'écoutai ce discours avec une muette horreur ; incertaine du parti que je devais prendre, j'hésitai si je ne me livrerais pas à mes ennemis plutôt que d'errer dans des pays inconnus. — Je n'étais pas sortie de mon incertitude, quand le vaisseau qui portait le comte de Hollande entra dans le port de Cérigo, à son retour de la Palestine.

» Il y fut long-temps retenu par les vents contraires. Le comte me vit, et mes malheurs, ou quelques agrémens qu'il remarqua en moi, l'intéressèrent.

» Un jour que nous nous promenions ensemble dans un bosquet de lauriers, près des bords de la mer, l'agrément de son entretien, le charme et la douceur de sa voix, sa franchise, son amitié, m'engagèrent à lui confier la cause de ma constante douleur. Il m'écouta avec la plus vive émotion, je vis des larmes dans ses yeux. Avant de me quitter, il m'ouvrit aussi son cœur et il osa même espérer que le temps affaiblirait l'image d'un premier amour, et qu'un autre pourrait me consoler. Je fus saisie d'effroi à la seule pensée d'un second attachement. Dévouée au souvenir et au regret, j'étais sensible à l'amitié, à la compassion ; mais la flamme sacrée dont je brûlais ne pouvait plus être éteinte. J'acceptai l'amitié du comte de Hollande, mais je le conjurai d'abandonner tout espoir d'un plus tendre retour.

» Le comte prolongea son séjour à Cérigo ; son cœur lui défendait de renoncer à des espérances que sa raison aurait dû condamner. Cependant les craintes d'Emmanuel se réalisèrent ; un émissaire de la cour de mon oncle arriva. Ma retraite avait été découverte, et le prince d'Achaïe jugeait nécessaire de s'assurer de ma personne, afin de déjouer les desseins de ses ennemis.

Oubliant les liens du sang et de la reconnaissance, oubliant qu'il devait protéger une orpheline fille de son frère, ce barbare menaçait mon vénérable aïeul de la captivité et de la mort, s'il s'obstinait à retenir plus long-temps l'unique enfant de sa fille chérie.

» Le prince de Cérigo me fit part de cette nouvelle avec désespoir; il me conjura, par tout ce qui pouvait m'être cher et sacré, de me mettre sous la protection du comte de Hollande. Je n'eus pas la force de résister à ses larmes. Je n'attachais aucune importance à ma destinée, quelle qu'elle fût; mais la satisfaction qui devait en résulter pour mon respectable aïeul me décida, et je présentai ma main au comte de Hollande, en lui avouant avec franchise que mon cœur était à Rayner.

» Je lui jurai fidélité, estime, amitié; mais non l'amour. Je ne sais s'il conservait un espoir éloigné que je changerais de sentiment; mais il se contenta de mes promesses, et parut charmé de ma franchise. Il ne m'a jamais demandé plus qu'il n'était en mon pouvoir de lui accorder; et, de mon côté, j'ai religieusement gardé les sermens que je lui avais faits dans toute la sincérité de mon âme.

» Aussitôt après notre mariage, je dis un dernier adieu à mon vénérable aïeul et au lieu de ma naissance. Depuis, toutes les heures de ma vie se sont écoulées avec calme à la cour de Hollande. Votre père, généreux et sensible, ne me refuse rien de ce qui peut contribuer à ma satisfaction. Il a, depuis long-temps, cessé de croire à un sentiment qu'il n'est plus en mon pouvoir d'éprouver, et le temps a converti son amour en une tendre affection, plus en rapport avec ce que j'éprouve.

» Ma vie a été animée et embellie par les soins maternels; ma chère Mathilde m'a de nouveau attachée à l'existence. Depuis dix-huit ans, époque de mon mariage, je n'ai eu aucune nouvelle de ma famille. Je ne sais si le vénérable prince de Cérigo a succombé sous la main du temps; j'ignore également si Philippe et Zoé jouissent encore du fruit de leurs crimes atroces, et si Caliste s'est repentie de son ingratitude et de sa perfidie envers l'amie de son enfance. »

FIN DU PREMIER VOLUME.

mage, qui succéda à la place de l'ancien serment que les officiers prêtoient entre les mains de nos rois.

Il ne manquoit plus aux ducs et aux comtes que le nom de pair, pour réunir en eux tout ce qui forme l'essence de la pairie; et ce nom convenoit parfaitement à leur état et à leur dignité.

Tous ceux qui ont quelque idée des antiquités françaises savent que le nom de *pair* se prend, dans nos anciens auteurs, en deux manières différentes.

Il a un premier sens naturel, dans lequel il ne signifie qu'une égalité, de quelque nature qu'elle puisse être. C'est ainsi que dans les lois des Allemands, et dans les Capitulaires de Charlemagne, les soldats sont appelés *pairs* par l'égalité de leurs services; que dans Marculphe, les frères et les amis sont appelés *pairs* par cette égalité que le sang et l'amitié produit entr'eux; que dans d'autres titres, les évêques s'appellent mutuellement *pairs*, par l'égalité de leur ministère; que dans le traité fait entre les enfans de Louis-le-Débonnaire, ils se donnent réciproquement la qualité de *pairs*, soit par l'égalité de la naissance, ou par celle que l'autorité mettoit entr'eux, et qu'enfin les vassaux, qui relèvent immédiatement du même seigneur, ont été dans la suite appelés *pairs de fief*.

Mais ce même terme de *pair* reçoit encore une autre interprétation, moins naturelle à la vérité, mais aussi commune que la première. Elle est tirée de l'ancien usage du royaume, qui vouloit que chacun fût jugé par son *pair* : les lois de Henri I, roi d'Angleterre, qui sont toutes tirées des usages de France, en ont fait une règle générale, *Unusquisque per pares suos judicandus est*.

Ainsi le terme de *pair*, dans sa signification naturelle, n'est pas différent de celui d'égal : le même terme, considéré dans ses effets, marque la qualité de juge; et dans l'un et dans l'autre sens, il convient également aux ducs et aux comtes devenus héréditaires.

www.ingramcontent.com/pod-product-compliance
Ingram Content Group UK Ltd.
Pitfield, Milton Keynes, MK11 3LW, UK
UKHW020323230726
13925UKWH00002B/598